中小学跨学科主题课程项目式学习设计与实施

刘建军◎编著

北京出版集团
北京教育出版社

图书在版编目(CIP)数据

中小学跨学科主题课程项目式学习设计与实施 / 刘建军编著. -- 北京 : 北京教育出版社, 2025. 4.

ISBN 978-7-5704-7153-9

Ⅰ. G632.3

中国国家版本馆 CIP 数据核字第 20256QF279 号

中小学跨学科主题课程项目式学习设计与实施

ZHONG-XIAOXUE KUA XUEKE ZHUTI KECHENG XIANGMUSHI XUEXI SHEJI YU SHISHI

刘建军 编著

*

北 京 出 版 集 团
北 京 教 育 出 版 社 出版

(北京北三环中路 6 号)

邮政编码:100120

网址:www.bph.com.cn

京版北教文化传媒股份有限公司总发行

全国各地书店经销

河北盛世彩捷印刷有限公司印刷

*

720 mm×1000 mm 16 开本 12 印张 215 千字

2025 年 4 月第 1 版 2025 年 4 月第 1 次印刷

ISBN 978-7-5704-7153-9

定价:78.00 元

质量监督电话:(010)58572740 58572393

编 委 会

序　言

在当今全球化的背景下，教育面临着前所未有的挑战与机遇。《义务教育课程方案（2022 年版）》明确提出要培养学生的综合素质和核心素养，强调跨学科主题学习的重要性。这一改革导向不仅要求学生掌握多学科知识，还要求他们在真实情境中解决复杂问题，培养创新思维和社会责任感。《中小学跨学科主题课程项目式学习设计与实施》一书正是在这一背景下应运而生，旨在为教育工作者提供一套系统、实用的指导方案，帮助他们在教学实践中更好地融合多学科知识，培养学生的综合素质和创新能力。

可持续发展教育是全球教育改革的重要方向之一。它不仅关注环境保护，还涵盖了社会公平、经济发展等多个方面。通过跨学科主题学习，学生能够在真实的情境中理解和应对复杂的现实问题，培养他们的批判性思维、合作能力和创新精神。选择可持续发展教育作为跨学科主题，是因为它能够全面覆盖科学、技术、工程、艺术和社会科学等多个领域，促进学生全面发展。

特别是在海洋美育方面，可持续发展教育具有重要的意义。海洋不仅是地球上最重要的自然资源之一，也是许多国家和地区文化的重要组成部分。嵊泗县作为一个典型的海岛地区，拥有丰富的海洋资源和独特的海洋文化。将可持续发展教育与海洋美育结合，不仅可以提升学生对海洋生态系统的认识和保护意识，还能增强他们对本土文化的认同感和自豪感。

在当前跨学科主题学习的背景下，嵊泗县积极探索了一条以可持续发展为教育目标的海洋美育区域综合实践活动课程实施之路，即通过深度挖掘本地海洋文化资源，构建全场景的海洋美育环境，并将其融入跨学科主题课程中。这种做法不仅丰富了课程内容，也提升了学生的地域认同感和社会责任感。嵊泗县的项目实践为其他地区提供了宝贵的参考样本，展示了如何在保持地方特色的基础上，拓展学生的全球视野，实现地方性与全球性的有机融合。

本书分为上篇和下篇两部分。上篇介绍了跨学科主题课程项目式学习的基本理论和设计方法，探讨了可持续发展教育的背景与价值，详细阐述了项目式学习的理论基础、设计原则和实施策略，并以嵊泗县为例展示了如何将海洋元素深植于课程体系中。下篇通过具体案例展示了如何在实际教学中开展跨学科主题学习，如“黄龙石记”“老渔民的‘船’说”等案例引导学生了解和参与环境保护，“渔剪灯韵”“船承梦想”等案例探讨渔业资源管理，“开捕彩剪”“海韵乡桥”等案例促进社会公平与文化多样性，等等。这些案例为教师提供了丰富的教学素材，帮助学生在实践中提升综合素质和创新能力。

《中小学跨学科主题课程项目式学习设计与实施》一书不仅提供了丰富的理论支持，还通过具体的设计案例，为教师们提供了可操作性强的教学方案。我们希望通过这本书，能够激发更多教育工作者对跨学科主题学习的兴趣，从而培养出更多具备综合素质和创新能力的新时代人才。

值得一提的是，本书为一线教师和中小学在推进跨学科主题学习与跨学科主题课程建设方面提供了宝贵的区域探索经验。嵊泗县的实践证明，通过跨学科主题学习，可以有效培养学生的核心素养，增强学生的可持续发展理念，培养学生人类命运共同体意识。希望本书能为您的教学实践带来新的启示和帮助，期待您的反馈和建议，共同推动基础教育事业的创新发展。

邱存安

2024 年 10 月 30 日

目　录

下篇:中小学跨学科主题课程项目式学习设计案例

上篇

中小学跨学科主题课程项目式学习概述

第一章　跨学科主题:基于可持续发展教育

在全球化进程加快和科技快速变革的背景下,教育模式正不断演进,从传统的单一学科培养模式向重视培养综合素养和创新能力的模式转变。跨学科教育的兴起,特别是可持续发展教育的兴起,体现了一种教育创新的趋势。该趋势以联合国可持续发展目标为框架,整合各学科知识,打造了既贴合时代脉搏又指向未来发展的教学架构。

第一节　可持续发展教育概述

面对全球环境恶化、社会矛盾凸显、经济压力加剧的严峻形势,可持续发展已成为人类社会的必然选择。教育作为塑造未来的关键力量,其使命不仅是传承知识,更是培养能够应对复杂现实问题、推动社会进步的创新人才。可持续发展教育,正是在此背景下应运而生的,它以实现人与自然的和谐相处、经济繁荣与社会公正的长期愿景为核心理念,倡导跨学科融合,注重参与实践与社会责任培养。然而,如何在全球化趋势与本土化需求交织的复杂环境中,有效实施可持续发展教育,使其真正融入教育体系,助力个体成长与社会转型,是我们亟待深入探讨的课题。

一、可持续发展教育的核心理念及其价值

1987 年,世界环境与发展委员会的报告《我们共同的未来》首次明确提

出了“可持续发展”的理念，强调在满足当前人类需求的同时，也要保护地球的自然资源和生态系统，确保未来后代也能享有满足其需求的资源和环境。可持续发展教育正是基于这一核心理念，旨在通过教育系统培养未来的公民具备实现可持续发展的知识、技能、价值观和行为习惯。它不仅传授关于环境的知识，还鼓励发展批判性思维，培养学生解决问题的能力，让学生加深对社会正义、文化多样性和经济效率的理解。通过教育，学生学会如何在日常生活中实践可持续生活方式，并在未来的职业生涯中推动可持续的解决方案。

可以说，可持续发展教育（Education for Sustainable Development，ESD）源自全球对环境及社会挑战的深刻反思，旨在培养面向未来、着眼于人类与自然和谐相处的人才。2005 年，联合国教科文组织启动的教育促进可持续发展的十年计划，进一步推动了该理念的全球普及。

可持续发展教育的价值主要体现在以下几个方面。

首先，它倡导在生态、经济和社会三个维度间寻求平衡，力图实现人类需求与环境保护的和谐统一，教育学生理解环境保护、经济繁荣与社会公正之间的相互依赖，形成全球视角下的责任感。比如，瑞典的隆德大学开设了一系列跨学科课程，如“可持续发展领导力”项目，通过模拟联合国气候变化谈判、实地考察可持续发展企业等方式，让学生亲身体验和分析可持续发展面临的挑战，培养他们成为具有全球视野和创新能力的可持续发展领导者。

其次，该教育模式旨在引导学生将环保理念融入日常生活，采取实际行动减少对自然环境的影响，把学生培养成为能够解决复杂问题的人才。比如，日本东京都立川市立小学实施“零废弃午餐”计划，学生自己分类餐后垃圾，学习食物浪费的危害及资源循环利用的重要性，这不仅减少了校园垃圾，也促进了学生所在家庭和社区的环保意识提升。

最后，可持续发展教育倡导将全球公民意识与地方行动相结合，鼓励学生参与社区服务和公共事务，运用所学知识解决实际问题，推动社会向可持续发展方向转变。比如，北京师范大学附属实验中学学生发起“绿色校园”项目，通过调查校园能源使用情况，提出节能改造建议，并成功推动了校园照明系统的 LED 改造，减少了能源消耗，展示了青少年在推动社会可持续发展方面的积极作用。

综上所述,可持续发展教育是对传统教育范式的革新,它鼓励学生以多元化的视角看待世界,并让学生积极投身于提升生活品质、保护生物多样性和维护地球环境的行动中。通过跨学科教育活动,学生不仅可以积累知识和技能,还能够深化对可持续发展理念的理解,为将来成为推动社会发展、真正实现可持续发展的关键动力奠定基础。

二、全球视角下的可持续发展教育面临的挑战与采取的回应

在全球化加速与环境挑战显著的当代社会,可持续发展教育正面临重要挑战。一方面,全球变暖、生物多样性损失、资源耗竭等环境问题对人类社会造成严重威胁,社会渴望能对可持续发展做出贡献的人才;另一方面,社会中不平等、贫困、文化碰撞等社会性问题也迫切需要通过教育途径改善。同时,在全球推广可持续发展的理念,使其根植人心,也是可持续发展教育的重要使命。

以水资源短缺为例,世界上的许多地区,尤其是气候干旱地带和城市化迅速发展的区域,水资源日渐紧张。例如,自然条件和人为因素导致南非开普敦极度缺乏水资源,这对教育系统提出了如何有效教育学生珍惜水资源并节约用水的重大挑战。应对这一挑战不但需要在课程中增加关于水循环和水资源保护的知识教育,而且要通过实践活动让学生直观感受到水资源管理的重要性,以促使在个人乃至社区层面形成有效的节水行动。

针对这些挑战,可持续发展教育提出了积极的创新解决策略。各国政府和国际机构纷纷将可持续发展的目标纳入教育政策和课程规范,比如澳大利亚新南威尔士州就将环保和可持续发展的观念整合进 K12 教育系统,并通过“绿色校园”项目推动节能减排和生态教育。

此外,跨学科的教学方法在应对可持续发展教育挑战中起着核心作用。比如,在德国的一项“能源城市”项目中,学生被鼓励结合地理学、自然科学(如物理学、化学)、社会学以及经济学的知识构建一个低碳环保且适宜居住的城市模型。在这个过程中,学生充分认识到了可持续发展不同维度之间的相互影响,并将这些理念应用到解决实际问题中。这样的教学方法有助于学生全面理解能源系统、环境影响和可持续发展的复杂性。

可持续发展教育在全球背景下正发挥着空前的作用。推动教育体系的

根本转型，目的是培养具有全球视野、批判性思维和创新能力的公民。这些公民将能够应对全球性的环境和社会挑战，运用他们跨领域的知识和技能，参与并推动实现真正的可持续发展。

三、跨学科主题课程在促进可持续发展教育中的作用

在全球推进可持续发展教育的背景下，跨学科主题课程展现出其独特的优势和关键作用。通过跨越传统学科边界，围绕真实世界问题设计课程内容，此类课程能有效促进学生对可持续发展核心理念的理解和运用。跨学科教学将理论知识与实际行动有效结合，不仅可以培养学生的综合思维，提升学生解决问题的能力，也有利于加深学生对社会责任的认识，从而为实现可持续发展目标提供教学上的支持。

例如，在以“绿色城市”为主题的跨学科课程中，教师可能会引导学生结合地理学、建筑学、环境科学、经济学和社会学等以多学科视角探索如何创建环保且宜居的城市。学生可以研究水资源的循环利用技术（地理学与环境科学），分析绿色建筑设计对能源消耗的减少效果（建筑学与环境科学），探讨政策如何激励新能源汽车的普及（经济学），以及评估公民参与社区绿化的社会效益（社会学）。

在中国，许多学校已经开始实施跨学科主题课程，并取得显著成效。例如，南京的一所小学开展了“生态小公民”课程项目，学生不仅学到了生物多样性保护的相关知识，还亲身参与了学校植物园的建设与管理，在动手实践中认识到了生态环境保护的重要性，增强了尊重自然和珍惜资源的意识。

在国外，荷兰某学校开发的气候变化跨学科课程亦是一个例证。该课程包括气候模型模拟（地理学）、可再生能源投资（经济学与金融学）、气候变化对农业的影响及应对策略（地理学与农学）等内容，使学生在解决具体问题的同时，深入掌握跨学科知识，并意识到自身在未来生活中对社会可持续发展的潜在影响力。

总的来说，跨学科主题课程对于促进可持续发展教育实践具有至关重要的作用。它能够营造更全面和多样化的学习环境，培养学生将全球视野与地方实际行动相结合的能力，确保学生在未来能有效面对复杂的环境和社会的挑战，为推动全球可持续发展做出贡献。

第二节　可持续发展目标对接与课程融合

在全球共同致力于实现联合国可持续发展目标（Sustainable Development Goals，SDGs）的背景下，教育作为推动变革的重要引擎，被赋予了对接与落实这些目标的重大责任。将SDGs与学校教育深度融合，不仅有助于培养学生对全球议题的关注度与责任感，更能通过目标导向的教学，引导学生在实践中学习和应用跨学科知识，解决现实生活中的复杂问题。

一、可持续发展目标的内涵与教育领域的联系

联合国可持续发展目标来自2015年9月由联合国成员国通过的《2030年可持续发展议程》，包含17个旨在应对全球经济、社会和环境挑战的目标。这些目标覆盖了广泛领域，包括消除一切形式的贫困、确保健康与促进福祉、经济适用的清洁能源、气候行动、优质教育等，描绘了一张全面的、综合性的发展蓝图，旨在指引全球在多个领域实现均衡和可持续发展。

教育领域与SDGs有着密切的联系，尤其是SDG4（优质教育）——确保包容和公平的优质教育并促进终身学习，它直接与教育系统的改革及发展挂钩。SDG4突出了普及具有全面性、适应性教育的重要性，并强调教育内容应覆盖知识和技能之外的价值观、态度和行为培养，目的是培育能够积极解决社会问题、推动可持续发展的公民。

具体来说，SDGs不仅包括优化教育资源分配、提升教育水平，还将可持续发展议题纳入课程中，引导学生关注并参与解决贫困、饥饿、环境污染、气候变化等问题。例如，在小学的科学课中，教师可以通过教授水循环知识（SDG6：清洁饮水和卫生设施）并结合节水实践，让学生认识到水资源保护的重要性，从而培养学生珍惜水资源的行为习惯。

对于SDG13（气候行动）而言，学校可以通过跨学科项目让学生结合地理学、物理学、经济学和社会学等学科知识，探索气候变化的成因、影响及减排策略。学生不仅能借此深入理解温室效应、清洁能源技术，还能了解政策

和市场在解决气候变化问题方面的作用，从而思考个人如何在减少碳排放中承担责任。

此外，SDGs鼓励教育工作者和政策制定者在全球视野中审视本地教育实践，提倡制定符合SDGs精神的国家和地区教育政策和课程标准。无论是绿色校园建设、STEM教育中的环保主题，还是社区参与式的环保活动，都将有助于加深学生对可持续发展目标的理解，培育出具备全球竞争力和责任感的青少年。

SDGs作为全球性的发展框架，其深远内涵已渗透到教育领域中，为跨学科主题课程的构建和完善提供了理论指导和价值引领，坚实支撑着教育，使其对可持续发展做出贡献。通过与SDGs紧密结合，教育不仅能够促进个人全面发展，还能在应对全球性挑战的过程中扮演着关键角色。

二、跨学科主题课程对实现可持续发展目标的支持

跨学科主题课程是实现联合国可持续发展目标（SDGs）的重要手段之一，它通过跨越学科界限、融合多学科知识，激励学生从全球角度出发，积极关注并解决区域性和全球性问题。我们国家的学校在践行SDGs要求的过程中，通过创新的跨学科教学方法为实现这些目标提供强有力的教育支撑。

比如，针对SDG4（优质教育）目标，诸多学校通过课程创新，致力于提升学生的综合素养和创新能力。在上海的一所中学，不同学科的教师组成团队，以“未来城市”为主题，跨越地理、历史、科学、艺术等学科界限，共同设计项目式学习活动。学生在这一过程中不仅要探究城市发展的历史背景（历史学），还需深入了解城市规划中的环保和能源策略（科学）、建筑设计的美学及人文关怀（艺术学），以及城乡间资源配置不平衡的社会问题和可能的解决方案（地理学）。这样的教学模式不仅培养了学生的批判性思维，提高了他们的问题解决能力，同时也提升了他们对个人在城市未来发展中作用的认识。

针对SDG13（气候行动）目标，北京的一所小学将气候变化问题纳入常规教学，推出“小气象学家”跨学科课程。该课程包括气象学基础、环境保护和节能减排（科学）、数据收集与分析（数学）、气候变暖对生物多样性的影响（生物学）以及政策倡导与公共传播策略（公民教育）。学生通过操作小型气

象站、制订家庭节能计划等活动，亲身参与缓解气候变化的活动，培养了社会责任感和环境伦理观念。

在SDG11（可持续城市和社区）方面，深圳的一所学校与本地社区合作，让学生参与社区垃圾分类和绿化改造实践。课程涵盖了环保法规（社会学）、废物处理技术（化学）、生态系统功能（生态学）、项目管理与沟通技巧（商业研究），使学生在实践中领悟可持续生活方式的重要性，并促进了社区环境的改善。

由此可见，我国的学校结合SDGs开展跨学科主题课程，通过整合课程内容、实施项目式学习、开展实践活动与参与社区服务、国际理解教育、创新与技术运用、反思与评价等方式支持可持续发展目标的实现，不仅促进了理论知识的学习，也强化了学生的动手实践能力和社会责任感的培育，致力于培养具备全球视野与地方实践能力、能够适应并积极推动可持续发展的新时代公民。

三、目标导向型跨学科课程评价体系的建立

在推进全球可持续发展教育的大背景下，构建与可持续发展目标紧密结合的目标导向型跨学科课程评价体系是许多学校和教育机构的关键课题。评价体系的建立旨在确保跨学科课程不仅覆盖联合国可持续发展目标的内容，而且能够有效地评估知识领悟、技能掌握、价值观塑造等方面的实际成效。

以SDG4（优质教育）和SDG13（气候行动）为例，中国某中学结合这两个目标开发了名为“绿色校园与气候变化”的跨学科课程，并分别建立了清晰的目标导向评价体系。

在内容上，该课程关注节能减排、环境监测、生态建设等议题，学生需通过团队合作完成项目，如设计节能建筑模型、进行校园能源审计以及组织环保宣传活动。在教学过程中，教师运用撰写观察记录、同伴互评等多元评价手段，对学生的创新思考能力、协作能力、科学探究能力和公民责任感进行评估，确保学生在实践中深化对相关学科知识的理解。

为全面量化课程对学生发展的促进作用，评价体系还包括成果展示和报告环节。学生需提交项目研究报告，详细阐述设计理念和执行策略，探讨

项目对可持续发展目标的贡献。学校也会定期举办公开答辩会，邀请内外部专家进行综合评审，同时鼓励学生反思自己在项目中的学习与成长。

荷兰的部分学校在实施SDG6（清洁饮水和卫生设施）和SDG7（经济适用的清洁能源）相关跨学科课程时，设立了“社区参与度”评分标准，要求学生将课程知识运用于社区服务，给出当地水资源管理或可再生能源推广方案，并以社区反馈作为评估依据之一。

因此，为实现可持续发展目标，中国及其他国家的学校在建立跨学科课程评价体系时，秉持目标导向原则，平衡过程评价和结果评价，关注学生在理论学习、创新能力、社会责任感和问题解决行动力等方面的发展。这种评价体系不仅有利于促进学生全面理解和实践可持续发展理念，也为全球实现可持续发展目标贡献不竭动力。

第三节　跨学科主题选择与课程架构设计

在推进可持续发展教育的实践中，构建以学生为中心、与社会需求紧密结合的跨学科主题课程至关重要。此类课程不仅能够激发学生的学习兴趣，提升其解决实际问题的能力，还能有效呼应国家教育改革方向，实现课程标准与创新教学的有机结合。

一、结合学生兴趣与社会需求的主题选取

构建跨学科课程时，选择一个与学生兴趣相契合且响应社会需求的主题是关键。主题不仅要能够激发学生的学习热情，还应符合国家的教育目标和联合国可持续发展目标（SDGs）。以海洋为例——中国浙江省的岛屿地区，如嵊泗县，其丰富的海洋资源和优越的地理环境，为开展以海洋为核心的跨学科教学提供了得天独厚的条件。

在该地区的学校中，一些学校已经尝试将海洋美育融入课程设计。例如，嵊泗县的一所学校开设了“蓝色家园：海洋之美与保护”的跨学科课程。这一课程以海洋生态、文化和可持续发展为子主题，旨在培育学生对海洋的

了解、尊重及保护海洋环境的责任感。课程内容多元,具体包括:

①生物学模块——学生探讨海洋生态系统的结构与功能,如珊瑚礁的重要性及其所面临的环境威胁。

②地理学部分——学生研究海岸线的变迁、洋流的分布及气候变化对海洋的影响。

③艺术教育环节——通过现场写生和艺术创作,学生表达对海洋之美的感悟,提升审美能力,同时加深对海洋生物多样性的认识。

④社会科学方向——深入讨论渔业资源的可持续管理、海洋环保政策和国际海洋法律,以培养学生的全球意识和公民责任。

⑤工程与技术——激励学生研发海洋清洁能源技术和创新性的海洋废物处理方案,实践 SDG7(经济适用的清洁能源)与 SDG14(水下生物)。

该课程通过组织海滩清理、海洋生物调查等活动,将知识学习与社会实践紧密结合,促使学生在参与中进一步理解跨学科内容,同时也为当地社区的可持续发展做出了贡献。

浙江省的学校通过将海洋这一丰富多维的主题整合进跨学科课程,不仅成功地将学生的兴趣和社会的需求相结合,而且跨越了生物、地理、艺术、社会科学、工程和技术等众多学科,为学生提供了全面发展的平台,并且在推进实现可持续发展目标方面做出了实质性的努力。

二、以开放性问题为驱动的跨学科课程构建策略

以开放性问题为导向进行课程设计是一种促进学生积极探索、整合跨学科知识和培养创新思维的有效策略。在浙江省嵊泗县等海洋资源丰富的地区,学校已将这一教学理念融入课程构建之中。

例如,嵊泗县的一所中学利用当地的海洋资源和生态保护需求,提出了一个开放性问题:“我们如何利用艺术的力量来呈现海洋生物多样性和倡导生态系统的保护?”这一问题不仅涉及美育,还跨越了生物学、地理学、社会学和环境科学等多个学科领域。

课程结构方面,教师组织了以“海洋生态与艺术”为主题的起始活动,旨在从不同角度引领学生探索海洋的美及其生态价值。在生物学课上,学生通过实地考察学习海洋生物的多样性、海洋的生态系统和海洋污染的影响;

地理课重点讲授海洋环境特点及人类活动对其的影响；美术课鼓励学生运用绘画、雕塑等手段表达海洋生物的形态美和生态系统的美，同时结合环保主题创作艺术作品。

此外，课程巧妙地整合了社会科学研究，引导学生调研本地海洋产业、渔业政策以及国际海洋保护协议，认识到海洋生态保护的重要性。项目式学习环节，如“海洋生态保护创意画展”和海滩清洁等活动，也把理论知识转化为实际行动。

这种围绕开放性问题的跨学科课程设计有效拓宽了学生的知识领域，锻炼了他们的批判性思维和对现实问题的解决能力。嵊泗县等地区的实践不仅发挥了我国教育资源的优势，也积极回应了联合国可持续发展目标中关于海洋生态的保护目标，为中国乃至全球的海洋教育提供了宝贵的经验。

三、跨学科主题课程与国家课程标准的整合

跨学科主题课程与国家课程标准的无缝对接体现在遵循国家教育指导方针的同时，将跨学科的主题有机嵌入课程体系中。这一过程旨在确保学生不仅能够掌握国家课程标准规定的核心知识和基本技能，而且能够通过跨学科的教学活动拓宽学生的视野，提升其综合素质。

实现这一目标的策略包括：

①明确目标——课程设计时明确国家课程标准与跨学科主题的结合点，确保两者的教学目标相互支撑。

②内容融合——在课程内容上整合跨学科知识点，使其与国家课程标准中的学科知识相衔接。

③整合教学——根据跨学科主题的特点，采取项目式学习等教学法，促进学科间的知识融合。

④多元评价——建立适应跨学科课程特点的评价体系，全面评估学生的学习成果。

⑤教师培训——提升教师的跨学科课程设计和实施能力，为其提供必要支持。

比如，浙江嵊泗地区的海洋美育课程体现了跨学科教学与国家课程标准的有效结合。教师团队在课程设计阶段，首先分析了国家课程标准的要

求，然后将海洋科学、艺术、环境保护等跨学科知识点嵌入语文、数学、自然科学等传统学科中，使学生在学习传统课程的同时，也能了解和探究海洋的相关知识。

又如，学校在社会课程中增加海岸地形和海洋资源利用的内容，让学生通过探究本地海洋环境了解区域可持续发展；美术课程鼓励学生创作反映海洋生物多样性的作品，从而培养他们的环保意识和审美素养。此外，学校通过引入项目式学习，让学生参与海滩清洁等实践活动，深化理论与实践的结合。

跨学科课程的设计与实施，不仅体现了与国家课程标准有效结合的原则，而且通过实际案例展示了如何在地方教育实践中挖掘和利用本地资源，培养了学生的创新精神和社会责任感，为全面推进可持续发展教育提供了有益的参考。

结语：

跨学科主题教育融入了全球视野，犹如在教育的宏伟舞台上绘制出一幅栩栩如生、充满活力的纹理图谱。我们已经认识到，可持续发展教育对于培养未来创新人才的重要性，并透彻探讨了联合国可持续发展目标如何为课程设计提供坚实的理论基础与实践向导。跨学科主题的精心挑选与课程架构的巧妙设计，使教师能够将理论知识与实际问题紧密结合，唤醒学生的学习热情和对社会的责任感。

然而，这仅是探索的开始。细读本章，我们必须深思：如何将这些理念和方法实际应用于每一堂课程之中？如何让教学策略更贴近学生的个性化需求、本地社区的实际情况及国家教育的课程标准？如何保证项目式学习中的跨学科内容超越表面的整合，实现学科间深层次的连接，以促进学生全面能力的提升？

希望读者在品读完本章后，能以更广阔的视角反思自己在教育实践中的角色，探求如何通过实施跨学科课程，将可持续发展的理念转化为行动；启发并激励每一位年轻的探索者。让我们携手，借助教育的力量，开发无限的潜能，引导学生开启一段丰富多彩的知识探索之旅，并一同构建一个更加包容、绿色、可持续的未来。

第二章　跨学科主题课程实施:基于项目式学习

想象一个课堂,学生不再是被动的知识接收者,而是积极探索和解决问题的主动参与者。项目式学习就是这样一种将学生转变为主动求知者的教学模式。作为跨学科主题教学的有效载体,项目式学习以其情境化、问题导向的特性,激活学生主动探究与深度学习的热情,助其在实践中掌握跨学科知识,锻炼团队协作与创新能力。

第一节　项目式学习的理论基础

本节将聚焦项目式学习(Project-Based Learning, PBL)的核心理念与实施框架,揭开其作为跨学科主题教学有效手段的神秘面纱,即 PBL 如何倡导以学生为中心、问题为导向、合作为纽带的学习方式,如何通过真实情境的创设,激发学生内在动机,引导他们主动探究跨学科知识,解决实际问题。此外,本节还将阐述 PBL 如何促进深度学习的发生,培养学生的创新思维、批判性思考、沟通协作与自我管理等关键能力。本节旨在构建清晰的 PBL 认知图谱,为后续章节深入探讨其在跨学科主题教学中的具体应用打下坚实的理论基础。

一、项目式学习的定义

项目式学习是一种以学生为中心的教学策略,通过让学生围绕真实、复杂的问题进行探究，建立知识体系，发展关键技能，并促进批判性思维与创新能力的形成。在PBL模式下，教师的角色转变为引导者与协助者，而学生则转变为积极主动的探究者和问题解决者。

项目式学习的核心在于其对现实世界的模拟，它强调在真实的任务背景下将学习内容与实践相结合。这种方法区别于传统的知识传授方式，更重视"学以致用"的过程，鼓励学生通过参与完整项目生命周期——设计、规划、执行、展示、反思——来获得知识与技能。

项目式学习通常包括以下几个关键环节：

①主题选择：选择能够引起学生兴趣并涉及跨学科知识应用的实际问题或挑战。

②计划制订：在教师的指导下，学生制订项目目标、工作计划，确定所需资源和预期结果的呈现方式。

③项目实施：学生通过小组合作或个人努力，进行研究、数据搜集、实验操作或创作活动，应用跨学科知识解决问题。

④成果评估：不仅评价项目的最终成果，还持续跟踪学生在项目式学习过程中的学习态度、团队合作精神、沟通技巧和创新能力。

⑤成长反思：项目结束后，学生通过分享经验、讨论遇到的挑战与解决策略并进行深刻反思，促进知识内化并为未来学习积累经验。

简而言之，项目式学习是一种融合实践导向、重视跨学科整合和创新思维培养的现代教育模式。它在跨学科主题课程的实施中扮演着关键角色，不仅为学生提供宽广的学习平台，也有助于培养他们面对真实世界问题时的适应力和创造力。

二、项目式学习的理论基础

项目式学习把建构主义学习理论、情境认知理论和社会建构主义作为核心理论基础，强调通过实际问题的解决和有意义任务的完成，促进学生深度学习和提升综合能力。

1. 建构主义学习理论

在建构主义视角下，学生并非被动接受知识的容器，而是主动的意义构建者。项目式学习倡导以学生为中心，鼓励他们依据自己的兴趣、经历和理解来探索世界,从而形成个人化的知识体系。在项目实施过程中,学生需主动搜索信息、分析问题、提出解决方案,这一过程恰恰体现了建构主义所主张的"知识是在个体与环境交互中逐渐构建起来"的观点。

2. 情境认知理论

项目式学习深深植根于情境认知理论,该理论认为学习应当发生在与真实生活紧密相连的情境之中。在设计项目时,教师会利用或构造现实生活中的复杂情境,让学生面对并解决真实情境中的问题,以此锻炼他们在实际情况中应用知识的能力。例如,在"探寻古村落文化传承"研学旅行项目中,学生直接走进古村落,亲历传统文化的保护与传承挑战,这促使他们将抽象的学科知识转化为具体的问题解决策略。

3. 社会建构主义

社会建构主义强调社会互动在学习过程中的重要性,认为知识是在人与人之间的交流、合作与协商中产生的。在项目式学习中,学生需要组成团队共同完成任务,通过对话、分享和协作,学生可以互相启发、拓展思考,进而深化对所学内容的理解。这个过程不仅关注个体的认知成长,还注重培养学生的沟通、协作和团队建设能力。

项目式学习还借鉴了多元智能理论,尊重和发展每个学生的独特潜能,使他们在各自擅长的领域发挥优势;同时,其目标导向性和成果展示环节体现了表现性评价的理念,关注学生的个性化成长和全过程参与。总体而言,PBL 综合了多种理论,培养学生解决问题的技巧、创新思维和自主学习的态度,促进其成为具备全面发展和终身学习能力的个体。

三、项目式学习与跨学科主题学习的深度融合

项目式学习与跨学科主题学习在理念和实践中有着天然的契合点,两者有机结合,形成了强有力的教育策略。项目式学习凭借其实践性、情境性和探索性,成为推动跨学科主题学习深入实施的有效工具。其作用体现在以下几个方面。

1. 知识整合与创新能力培养

在跨学科主题课程中,项目式学习通过一个综合性的、具有挑战性的主题或问题,引导学生跨越传统学科界限,将不同领域的知识进行系统化整

合。例如，在“绿色城市设计”项目中，学生需要调动数学、物理、地理、环保科学等多学科知识，解决实际的城市规划与环境优化问题。这种融合式的教学方式有助于培养学生的创新思维和解决问题的能力，使他们能够从多个维度理解和应用所学知识。

2.情境化与真实世界的连接

项目式学习强调与现实生活紧密联系，为学生创设贴近生活的真实情境，促使他们在模拟的现实场景中综合运用各科知识，形成对复杂问题的整体认知和解决方案。而跨学科主题学习更是要求学生把真实的全球议题或社区问题作为研究背景，这使得项目式学习更具现实意义和社会责任感。

3.学生主体地位的凸显与自主探究能力提升

项目式学习鼓励学生主动参与到学习过程中，根据自身兴趣和特长选择研究路径，从而实现个性化学习。在跨学科主题课程中，教师更多地扮演指导者和支持者的角色，通过提供必要的支架，帮助学生构建跨学科的知识体系。在这种模式下，学生学会自我驱动，发展独立思考和团队协作能力，充分挖掘潜能，提高学习效率。

4.过程评价与深度反思

项目式学习强调过程体验与成果产出，通过持续的反馈和评估机制，培养学生自我评价、自我修正的习惯。在跨学科项目执行过程中，教师不仅关注最终产品，更注重学生在研究过程中的跨学科知识运用、批判性思考和创新能力的表现。同时，项目完成后的深度反思阶段，能进一步促进学生深层次地理解跨学科知识之间的内在联系和互动作用。

整体而言，项目式学习与跨学科主题的结合为学生提供了一个全面、动态的学习平台，使他们在解决真实世界问题的过程中，能够深化对知识的理解，提升综合素质，并培养面向未来的关键技能。这种教育模式反映了现代教育注重全人发展、创新能力培养和终身学习能力塑造的趋势，对教育改革和发展具有深远的影响。

第二节　项目式学习的设计原则

案例描述:“探访渔村变迁”项目式学习案例,以当地渔村历史变迁为探究主题,引导学生深度参与实地调研、文献查阅、人物访谈等多元学习活动。项目启动阶段,教师介绍渔村历史文化背景,引发学生对变迁议题的兴趣。随后,学生分组制订研究计划,明确分工,确定探访路线与访谈对象。实地探访中,学生观察渔村生活环境、渔业设施变化,记录渔民生活方式、生产方式的演变,访谈老渔民、社区人员,收集口述史资料。返回校园后,各组整理资料,运用历史、地理、社会学等多学科知识分析渔村变迁原因、影响及未来发展趋势,制作研究报告、展示海报或纪录片。最后,举办成果分享会,学生汇报研究成果,反思学习过程,教师及嘉宾点评,深化对地方社会发展、生态保护、传统文化传承等问题的认识,提升团队协作、信息搜集、问题解决等能力。该项目融知识学习、社会实践、情感教育于一体,培养学生关注本土、关怀社会、关爱生态的责任意识。

结合“探访渔村变迁”案例,我们可以深入剖析项目式学习的四大设计原则,探讨其在实践中的具体应用。

一、学生主体性原则

在“探访渔村变迁”项目中,学生的主体性被置于核心位置。学生不再是被动的信息接收者,而变为积极的知识追求者。具体来说,项目启动之初,教师引导学生关注自己身边的社区——传统渔村的社会经济变化,并让学生根据自己的兴趣点与疑惑点提出研究课题,如渔业资源保护、渔民生活方式的转变等。在这个过程中,学生主导问题的发现与提出、资料的搜集与分析、解决方案的制定与实施,真正成为学习过程的主人。

二、真实情境原则

该案例充分体现了真实情境原则。学生将渔村变迁作为研究的现实背景，通过实地探访渔村、访谈当地居民和相关管理部门，亲身感受并了解渔村的发展与面临的挑战。这些基于现实的学习情境极大地提高了学习的针对性和有效性，使得学生能更深入地理解环境保护、可持续发展和社会变迁等相关理论，并学会将所学跨学科知识应用于解决实际问题。

三、跨学科整合原则

“探访渔村变迁”项目强调跨学科整合。在研究过程中，学生需要结合生物、地理、社会等多个学科领域的知识进行探索。例如，在探讨渔业资源可持续利用的问题时，他们不仅需要运用生物学原理来了解海洋生态系统，还要借助经济学知识分析渔业政策对市场供需的影响，同时也要从社会学视角审视渔民的生活状况和心理需求。这样的学习模式促进了学生对不同学科领域知识的整合与应用，培养了他们的综合分析能力。

四、持续评估与反思原则

在整个项目中，持续的评估与反思贯穿始终。在项目实施阶段，教师会定期组织讨论会，针对学生的学习进展给予及时反馈和指导，帮助他们调整研究策略。而在项目完成后，学生不仅要整理和展示研究成果，还需要对整个过程进行深度反思，思考在项目实施中遇到的困难、采取的解决方案、收获的成长经验以及未来可以改进的地方。这种持续的自我评估和反思，有效促进了学生批判性思维的发展和终身学习能力的培养。

由此，通过对“探访渔村变迁”项目式学习案例的分析，我们可以清晰看到项目式学习的设计原则如何在实际教学中得以落实。通过确保学生的主体性、提供真实情境、进行跨学科整合以及实施持续评估与反思，项目式学习能够有效促进学生的主动学习、深度思考和综合能力的提升，实现知识与实践的有机结合。

第三节 项目式学习的实施策略

有效的实施策略能够确保项目式学习的顺利进行，提高教学效率和质量。合理的课程设计、恰当的实践操作、适时的教师指导和支持、有效的评价与反馈机制，可以激发学生的学习兴趣，促进学生对知识的深度理解和对技能的熟练掌握，从而提升教学效果。

一、课程设计与结构规划：构建递进式学习路径

在实施"遥望灯塔"这一项目式学习活动时，精心筹备的课程设计和结构规划尤为关键，它们起着指引航向的作用，确保学生能够从基础概念出发，逐步深入到对理论的深层次理解与创新实践。

首先，课程设置应围绕明确的项目目标与主题展开。本项活动聚焦于灯塔——作为海上导航历史的见证者，灯塔的演变及现代化应用的探索是本项目的核心。学生需要深入分析灯塔设计的基本原理、历史背景，以及它在海洋文化、地理环境和科学技术中扮演的多重角色。

课程启动阶段，依托项目核心主题进行三个阶段的模块划分：

①知识准备阶段：利用课堂讲授、文献阅读和观看视听资料等手段，使学生初步掌握灯塔的结构及功能，并对不同历史时期灯塔的发展进程有所认识，建立跨学科知识框架。此外，要引发学生对于灯塔在现代化进程中所经历的功能转换和技术更新的思考，例如对自动化导航系统的集成的了解等。

②实地考察与体验阶段：组织学生前往本地或邻近地区的灯塔进行参观，直接观察灯塔的运作状态，并对灯塔管理员进行访谈，以获得关于其生活及工作状况的第一手资料。该阶段的目的在于通过真实的场景体验，将抽象的知识具象化，深化学生对灯塔物理特性与文化内涵的理解。

③探索与创新阶段：在已有知识的基础上，激发学生自主探索的兴趣，推动他们结合所学知识尝试创新，如模拟设计新型灯塔系统，或是对传统灯

塔与现代环保理念的融合进行探讨，提出对现有灯塔设施的创新性改良方案。此外，引导学生策划具有公益性质的“灯塔故事”宣传活动，以增强学生的社会责任感，提升学生的实践技能。

通过这样有序的课程设计与结构规划，项目式学习不仅确保了学生按照从浅入深的学习规律稳步提升认知水平，还强调了理论与实践的结合，激发学生的探索兴趣和创新思维。总体而言，“遥望灯塔”项目通过这种递进式学习路径，展现了如何在跨学科背景下促进学生的全面发展。

二、实践操作与探究学习：结合实地考察与体验

在“设计潜水器”跨学科主题学习过程中，实践操作与探究学习不仅是教学过程的重心，更是激发学生潜能、促进知识内化的关键途径。在教师的精心指导下，学生先通过文献调研和理论学习奠定坚实基础，随后迅速过渡到实践层面。

学校精心安排的实地考察，如访问潜水器制造企业的生产线或科研实验室，为学生提供了宝贵的近距离观察机会，让他们目睹潜水器从设计理念变为成品的复杂工艺流程，以及专业工程师如何处理水下作业的技术难题。紧随其后的模拟实验和模型制作活动，进一步强化了学生的学习体验。学生亲手将设计图纸变为实体模型，亲历设计思想的转化过程，深刻理解潜水器设计中必须解决的诸如耐压性、浮力调节等工程技术方面的挑战。

在探究学习阶段，每个学习小组被赋予了富有挑战性的设计任务，这不仅仅是一个简单的模型制作过程，而是一次深入探索科学、工程与创新设计边界的旅程。例如，当小组接到设计一款能够执行深海探测任务的小型潜水器的任务时，他们首先会沉浸在一场头脑风暴之中，集思广益，讨论如何在有限的空间和资源条件下，实现潜水器的高效能与高稳定性，也要分析潜水器的性能指标，如最大下潜深度、续航能力、探测精度等。这一过程要求学生灵活运用物理学中的浮力原理、流体力学以及材料科学的知识，同时也考验他们对电子设备、传感器集成和数据传输技术的理解与应用。在制作原型阶段，学生利用简易材料逐步将二维设计图转化为三维实体。

通过项目式学习案例“设计潜水器”，我们看到了实践操作与探究学习相结合的显著成效。这两个互动性强、基于问题解决的教学环节有效地培

育了学生的独立思考、创新设计以及团队合作的能力，从而真正实现知识与实践的深度融合，促进学生综合能力的全面发展。

三、教师指导与支架搭建：适时支持与自主探索平衡

在“中外节日”这一跨学科主题学习项目中，教师扮演的角色超越了知识的传递者，成为学生探索旅程中的导航者和助力者。教师需施展教学智慧，提供恰当的教学“支架”，以确保学生在进行自主探索的同时得到必要的引导与支持。

项目初步阶段，教师建立起探究“中外节日”的宏观框架，引导学生深入了解节日的起源、演化，以及与其相关的民俗、历史等多元内容。教师通过阐释关键概念，提出导向性问题，引导学生确立研究目标，从而激发学生的学习热情。

随着项目的深入推进，教师将由直接的支持者逐渐转型为间接的辅导者，这符合“支架式教学”的原则。例如，学生分组研究特定的节日时，教师会向他们提供一系列学习资源，包括图书、网络资料、专家访谈的途径等，并指导他们如何利用这些资源开展研究。

对于学生在搜集资料和准备展示的过程中遇到的障碍，教师不会直接提供解决方法，而是通过提问促使学生自我探索、小组协商，以此培养他们的问题解决能力。如针对中国春节与西方国家圣诞节的节日文化差异，教师会引导学生对比中外文化中的庆祝习俗、象征意义和家庭传统等，用思维导图、KFC结构化反思框架等工具，促使他们通过自主对比与分析来形成自身的观点和见解，培养学生的批判性思维习惯。

此外，教师还会指引学生在多个阶段互相评价和提供反馈，鼓励他们在交流研究成果的同时，从同伴处获得有价值的意见并予以吸纳，从而不断完善自己的探索成果。在整个过程中，教师始终关注学生的进展，适时给予鼓励和个性化的指导，保障学生在自主探索的道路上，能够在关键时刻得到充分的支持和提升。

综上所述，“中外节日”这一跨学科学习案例展现了教师如何巧妙地平衡及时支持与学生自主探索之间的关系，创造一个充满挑战和动力的学习环境。通过这样的学习模式，学生不仅能够深刻理解多元的节日文化，还能

够显著提高自己的信息处理、团队合作和批判性思维能力。

四、成果展示与评价反馈：促进深度反思与持续改进

在“神奇水世界”跨学科主题学习中，成果展示和评价反馈阶段扮演着枢纽角色。这两个环节不仅为学生提供了展现研究成果的平台，也是推动他们深度思考和持续进步的关键所在。

“神奇水世界”项目的参与者围绕水资源保护、水体循环、水质检测以及水生生物多样性等主题进行了广泛而深入的研究。学生小组通过实地勘查、科学实验、资料研究和专家咨询等多样化方式，积累了丰富的信息，进而创造出包括互动展馆、研究报告、科普微电影等多种形式的学习成果。

在成果展示环节，教室化身充满创意的水世界博览场，其中展出了各色模型、图表和影像作品。比如，部分小组运用 3D 打印技术制作了地下水流动的模型，来精确地模拟地下水的流动路径、速度以及分布情况；另一些小组通过戏剧表演强调水源地保护的紧迫性；还有小组制作了融合真实数据和生态知识的科教短片。这些成果不仅彰显了学生对水世界的深刻洞察，也反映了他们在科学、艺术和人文等多个维度上的综合素养。

评价反馈环节中，需评估学生掌握的跨学科知识深度、问题解决能力提升及创新表现；考察项目在融合多学科知识与实际应用中的有效性；观察学生团队互动、领导力与沟通技巧；强化学生对水资源保护的责任意识；分析技术工具运用的适宜度与资源的高效利用；衡量项目对学生长远兴趣及社区的积极影响。通过评价反馈，确保项目既达成教育目的，又促进学生全面发展，为后续优化提供方向。

教师在整个展示和评价过程中，不断强调反思的价值。不论结果如何，学生都被鼓励全面回顾项目的实施过程，审视自身的长处和不足，以及思考如何将学习经验应用于日后的学术和生活实践中。这种反思过程使得每位学生都能从项目中汲取经验，养成积极求进和主动学习的良好习惯。

通过“神奇水世界”项目的实践，成果展示及评价反馈已被证明是评估学习效果、促进深入理解与独立思考的有效途径。这一过程不仅锻炼了学生发现问题和解决问题的能力，也为他们的全面成长和终身学习能力的提升奠定了基础。

结语：

在本章的探讨中，我们深入剖析了中小学教育中项目式学习的理论基础、设计原则和实施策略，进一步明确了该教学模式在激励学生自主学习、增强学生综合素养以及培养学生21世纪实践技能方面的显著意义。通过细致梳理项目式学习的核心原理，并分析其关键执行元素，我们可以看到，它的价值远超学科知识的简单传授，更致力于培养学生的主动探究、批判性思维、创新实践和团队合作能力。

然而，将理论有效转化为实践是一个循序渐进、不断迭代的过程。在这个过程中，如何将这些教学理念具体化、如何设计和实施高效的项目式学习活动，以确保这些活动能真正促进学生个性化成长和社会责任感的培养，是应当进一步思考的关键问题。

展望未来，我们在运用项目式学习推动跨学科课程发展时，应更加注重学生在学习探究中的心理变迁、情感体验和成长路径，不断完善评价机制，确保项目式学习不仅满足学生课程学习的目标，也能够有效回应现代社会对人才培养的需求。

第三章　跨学科主题课程融合:基于本土化的区域探索

在教育创新的广阔天地中，本土化的教学实践宛如点缀其间的灯塔，不仅散发出地域文化的独特光芒，同时也映射出教育全球化趋势下的深层融合。

本章将专注探讨基于海洋美育的本土化跨学科主题课程案例，带领读者穿梭于现实与理想的交融空间，体验项目式学习和跨学科主题课程如何巧妙融合本土文化元素，让教育回归生活，营造出生机勃勃的教学氛围。

第一节　海洋元素的深度融合与课程体系构建

海洋元素的深度融合与课程体系构建之间存在着紧密的内在联系，二者相互依存、相互促进，共同构成了一个旨在提升学生海洋素养与跨学科能力的教育框架。元素的深度融合丰富课程内容，提升课程吸引力，有利于培养学生的跨学科思维与实践能力；完善的体系确保教学秩序，帮助学生系统掌握海洋知识，形成全面认识与深入理解，培养其海洋意识、环保观念与社会责任感。

一、海洋美育的价值内涵与其重要性

海洋美育融合了时代精神与地域特色，其核心在于通过美学与教育的

结合，引导学生探索海洋环境、文化和生态的深层次价值。通过系统化的教学方法（包括情境体验与参与性学习），海洋美育致力于培养学生对海洋自然之美、人文之美的感知力与鉴赏力，并激发其对海洋的尊重和保护意识。

海洋美育囊括了多个重要领域：

①审美教育：通过对海洋景观、生物多样性及海洋艺术作品的深入了解与鉴赏，学生从多角度体验海洋文化的丰富性和多样性，提高审美情趣。

②生态教育：借助对海洋科学知识的传授，让学生认识到海洋生态的珍贵与脆弱，并引导他们追求环境友好型及可持续发展的生活方式。

③文化传承：通过发掘和传播与海洋相关的民俗、神话及历史故事，强化地方海洋传统文化的传承，增强学生的文化身份认同。

④实践创新：激励学生通过参与海洋主题的艺术创作和科学研究实施社会服务，以此培养他们的创新能力、批判思维、实际操作技能和团队合作意识。

以嵊泗地区为例，凭借其丰富的海洋资源和独特的海岛文化，紧扣以审美、文化、生命为“链”的核心要素，形成了以“渔风、渔艺、渔俗、渔情”为内容，具有序列化、层梯化的区域“海之链”美育课程体系和课程设计框架，通过项目式学习、跨学科主题学习等方式，融合艺术与自然，培养学生对海洋文化的认识、尊重与爱护，激发其审美创造力和环保意识，提升对于人类可持续发展理念的认知，推动海洋生态文明建设。

从区域探索的视角来看，海洋美育的价值超越了传统艺术教育的范畴，它结合了生态学、文化学、社会学等多学科元素，旨在塑造学生对海洋生态系统的全面认知和情感连接。海洋美育不仅是对海洋生物的欣赏，更是对海洋环境脆弱性的深思和对人类活动影响的反省。它鼓励学生通过艺术与文化实践，表达对海洋的敬意和保护愿景，在认知和情感上与海洋建立连接。

海洋美育的重要性在于，它促进了学生对可持续发展概念的理解和践行。参与海洋美育项目的学生不仅学习了海洋科学知识，更意识到保护海洋资源的迫切性。这种教育方式有助于培养学生的全球公民意识，使其认识到个人在全球环境保护中的责任。同时，海洋美育还能提升学生的文化素质，使他们在欣赏和传承海洋文化的同时，也能批判性地思考文化与环境的互动关系。在海洋美育教育中,学生不仅在学习如何保护海洋,同样也在学习如何守护与弘扬海洋文化,为海洋的可持续发展贡献力量。

二、海洋文化资源在课程内容中的整合与创新

海洋文化资源的融合是构建和完善海洋美育课程体系的重要环节。这些资源涵盖海洋生物多样性的宝库、独有的海洋生态系统,以及深植人心的海洋文化传统与历史逸事。课程开发者可以巧妙地将海洋生物的独特形态、生活习性及其在生态中的角色融入艺术创作之中,让学生可以通过绘画、雕塑、摄影等多种艺术形式,直观地领略海洋生物的奥秘与魅力,同时在课程中探讨海洋生态系统的复杂性与其脆弱性,让学生意识到人类活动对海洋的冲击,进而唤起他们的海洋保护意识。

创新性地整合海洋文化资源也意味着要将地方特色与课程内容相结合。通过对当地渔民传统捕鱼技术、海洋神话故事的研究,学生不仅能深刻体会到海洋文化的传承,还能将这些传统元素以现代化的视角进行重新解读,创作出带有浓郁地域色彩的艺术品。这不仅丰富了教学内容,也激发了学生在尊重与理解本土文化的基础上,融合全球化的视角,形成独具特色的文化认同感和创造力。

在整合与创新海洋文化资源的过程中,教育者需与社区合作伙伴、领域专家和文化机构建立紧密的协作关系,以确保教学内容的准确性和实时性。这样的跨学科协作为学生提供了一个多元且全面的学习平台,使他们不仅学习和体会到海洋文化的博大精深,而且能在实践中形成对海洋的深厚情感和责任感。这种教育手段不仅能够提高学生的文化素质和环境意识,还能够培育他们的创新思维和跨文化交流能力,为其终身学习和未来参与社会奠定坚实基础。

三、全场景海洋美育环境的营造与体验式学习设计

全场景海洋美育环境的构建旨在打造一系列能够激发学生感知力和情感共鸣的学习场域。教育工作者不仅要使用传统教室和实验室,还要将学习的范围拓展至海洋博物馆、水族馆,以及直接接触海洋的海滩、海岸线、海洋保护区等地。这样的实地考察和互动体验使学生能够直接观察和感知海

洋生物的习性，体验海洋环境的动态变化，深入了解人类活动对海洋生态影响的现实情况。沉浸式的学习体验能够在学生心中种下海洋保护的种子，培养他们的兴趣和实际行动意愿。

体验式学习的设计是这种全场景教育环境的核心。通过规划一系列的实践活动，比如海滩清洁活动、珊瑚礁考察、海洋生物标本制作等，学生在亲身实践的过程中学习知识和技能。这些活动不仅丰富了学生的感官体验，还增进了学生之间的合作与交流。学生在参与活动的同时，能够将课堂上学习的理论知识同现场实操技能结合起来，通过观察、实验和反思不断提高自己的批判性思维和解决问题的能力。此外，体验式学习还有利于提高学生的自我效能感，使他们认识到每一个个体都能够为海洋环境保护贡献自己的力量，从而促进他们的社会责任感和环境意识。

在这样的综合海洋美育环境和精心设计的体验式学习活动中，学生不仅在知识和技能方面得到提升，更在情感和价值观上经历深刻的成长。这种教育模式帮助学生建立起积极的环境行动意识，促使他们在未来的生活中做出积极的环境保护行为。

第二节　区域特色方法与实践活动策略

区域特色方法与实践活动策略相互交织，互为支撑。特色方法挖掘地域资源，将其融入课程与教学，赋予实践活动鲜明地方特色，培养学生对本土文化的认同与实践应用能力。实践活动则将特色知识转化为实践行动，让学生在真实情境中体验、传承地方文化，提升实践技能与社会责任感，反哺特色方法发展。二者合力，有助于构建尊重地方文化、强调实践能力的教育模式，培养兼具文化底蕴与实践能力的时代新人。

一、地方资源挖掘与特色课程开发

深入挖掘本地海洋资源，是开发富有区域特色的海洋美育课程的关键一步。这需要对所在地的海洋生态系统进行全面研究，探索当地的海岸生物多样性、特有的海洋现象及与海洋相连的文化传统。通过这些资源的整合,教师可以构建既反映地方特征又具教育意义的课程。例如,设计课程可围绕本地独有海洋生物,让学生通过观察研究、艺术创作深入了解本地海洋生物的生态价值与保护现状。课程还可包括地方海洋节庆活动、渔民生活方式等内容,让学生亲身参与体验,从而培养学生对本土文化的认同和自豪。这样的课程不仅能更好地传授海洋科学知识,还在实践活动中培育学生对海洋环境的尊重与保护意识,助力海洋可持续发展。

二、深度社区互动与多方协同育人机制

海洋美育实践中的深度社区互动,是建立多方协同育人机制的有效途径。该机制强调学校、家庭、社区及相关机构紧密合作,共同为学生提供丰富的教育资源和实践机遇。学校与本地渔民、环保组织、科研和文化机构合作,为学生创造真实且具参与性的学习场景。在参与海洋保护项目、文化活动及社区服务过程中,学生得以体验海洋美育的实际意义。这种互动加深了学生对海洋环境和文化的理解,激发了他们的社会责任感和公民意识。社区成员的参与,为学生提供第一手经验和知识,帮助他们将理论应用于实践。这一协同育人机制,不仅促进学生成长,也有利于增强社区对海洋保护的关注和参与,形成教育与社区发展的良性互动。

三、塑造学生地方认同感与社会责任感的实践途径

在海洋美育中,塑造学生的地域认同感和社会责任感至关重要。参与本地海洋保护和文化传承活动能让学生在亲身经历中加深对家乡海洋环境的感情。如参加海滩清理活动,学生实际感受到海洋污染,自觉贡献于环境改善。研究和传播本地海洋文化传统,如神话、民间故事和艺术,增进学生对家乡文化价值和历史的理解。这些活动有利于增强学生对本地文化的自豪感,使其意识到作为社区一员对保护和传承文化的责任。通过此类教育实践,学生学会如何成为负责任的海洋公民,奠定积极参与地区可持续发展的基础。

第三节　地方性与全球视野的融合

地方性与全球视野的融合旨在培养既深谙本土文化、熟悉本地问题，又具备国际视野、理解全球议题的复合型人才。因此，教育应将地方性与全球视野有机结合，培养兼具地方情怀与全球竞争力的个体。

一、海洋文化遗产传承与当代教育创新

海洋文化遗产传承在当今教育中的地位不可小觑。它包括了海洋知识技能、航海与渔业实践，以及海洋相关艺术与文学作品。将这些宝贵的知识与现代教育相结合，可以极大地丰富教学内容，并激发学生对海洋文化的兴趣和尊重。组织学生参与海洋节、渔村考察及海洋故事创作等体验性学习活动，有助于增强学生对海洋文化遗产的保护意识和认同感。

此外，对海洋文化遗产的现代诠释与创新，如利用数字技术展现海洋艺术，或利用现代媒介传播海洋故事，可以使学生在全球化背景下重新认识并欣赏本土文化的独特价值。这样的教育不仅可以促进学生对多元文化的理解与尊重，也可以增强学生的海洋环境保护意识，从长远角度来看有助于推动可持续发展目标的实现。海洋文化遗产的传承与创新教育，旨在使其在新时代发挥更大的教育力量，为社会发展提供宝贵智慧。

二、跨学科视域下海洋保护与可持续发展的教育方案

跨学科视域下的海洋保护与可持续发展教育方案，需融合自然科学、社会科学知识，以培养学生对海洋生态复杂性的理解，提升学生解决问题的能力与发展学生创新思维。通过多学科融合，学生可在不同领域获得知识，如对生物多样性的理解、海洋环境变化的研究、海洋资源可持续利用的分析，以及海洋保护社会效应的探讨。

实践与应用是这种教育模式的另一核心。学生在参与海洋保护项目、环境监测与社区活动中，将理论应用于实践，促进团队合作、沟通协调与项

目管理技能的发展。这些实践活动不仅深化了学生对海洋保护重要性的理解,也让他们直面海洋环境保护的紧迫性和挑战,成为积极的海洋环境保护者。

此外,跨学科教育还重视培养学生的全球视野和国际合作能力。通过国际项目开展、同海洋保护组织合作与海外学校交流,学生能够了解不同文化下的海洋保护实践经验。这种国际视野的培养和合作精神的塑造,为学生成为具有全球竞争力的公民和积极的国际合作者打下基础,使他们认识到自己在保护地球共同家园中的责任和任务。通过这种教育实践,学生将为保护海洋环境的全球行动做出贡献。

三、结合海岛历史文化与现代美育的课程内容创新

将海岛的丰富历史文化与现代美育相结合,为课程内容的创新提供了一个充满活力的方向。这种课程内容的设计不仅深化了学生对海岛历史背景和文化传统的认知,也激发了他们对现代美育的兴趣和参与的积极性。教育者可以将海岛的历史事件、传统节日、民间艺术,以及建筑风格等融入课程,让学生通过研究、探索和创作,亲身体验和感悟海岛文化的深厚底蕴。

例如,学生可以通过研究海岛航海史,理解古代航海技术的演变,并通过动手制作船模来亲历这一历史演变过程。学生还可以通过学习传统音乐、舞蹈,参与节日庆典的表演活动,在实践中继承和弘扬海岛文化。

现代美育提供了新的视角和方式来表达和传承海岛文化。教育者可以鼓励学生利用现代艺术形式,如摄影、数字艺术或装置艺术来重新阐释海岛文化。这类创新艺术实践不仅可以培养学生的审美和创造能力,也能使他们在全球化的背景下,探索如何将传统文化与现代审美相结合。

比如,学生可以通过摄影项目记录海岛自然之美和人文风情,或者运用数字艺术创作反映海岛生活的作品。这样的活动不仅丰富了学生的文化体验,也为他们提供了一个新的平台,让他们有机会向更多的受众展示和传播海岛文化。

综上所述,这种融合传统与现代、历史与美育的课程创新,对培育学生的社会责任感和增强学生的文化自信具有重要意义。通过参与海岛文化的保护和传播活动,学生能认识到自己作为文化继承者的角色和责任。组织

学生投身于文化保护、文化交流和社区合作等活动，使他们直接感受到文化传承的重要性与紧迫性，这样的教育过程不仅有助于增强学生对自身文化的认同感，还可以激励他们为保护和推广海岛文化贡献力量，全面提升他们的文化创新能力。

结语：

通过深入探讨本土化跨学科案例——海洋美育，我们得以一窥项目式学习与地域特色资源结合的智慧与魅力，见证了既富有本地色彩又具备全球视野的教学实践的诞生。本章以海洋美育为动人案例，阐述了教学如何从真实的地域情境出发，挖掘和应用地方文化与自然资源，将课程内容与日常生活紧密相连，实现知识与情感、传统与现代的和谐统一。

跟随海洋美育案例的内涵赏析，我们被引导去思考如何在各具特色的环境中应用这种本土化、情境化的教育方式。在全球化大潮中，如何平衡对本土文化的尊重与传承、培养学生的国际竞争力与全球公民意识二者的关系？如何设计与实施跨学科主题课程，以激发学生自主学习的热情，并为其自身的未来能力发展奠定坚实基础？

面对这些挑战，我们必须意识到每个地方都拥有独特且宝贵的文化与教育资源。在跨学科项目式学习的框架下，这些资源可以创造性地被发掘和转化。我们鼓励并支持每位教育工作者积极挖掘身边的本土资源，并创造性地将其纳入跨学科课程之中。其目标是让教育回归本质——以人为本，从而服务于社区，连接全球。这是我们共同的追求，也是教育工作的方向和使命。

下篇

中小学跨学科主题课程项目式学习设计案例

第四章　跨学科主题:环境与生态系统的保护

本章案例围绕联合国可持续发展目标14——水下生物和海洋生态系统的保护展开。

该目标关注地球之肾——水域生态系统的健康。它强调保护和恢复世界各地的海洋、河流、湖泊和其他内陆水域生态系统的重要性,要求各国通过减少污染、防止过度捕捞、控制非法捕鱼活动、保护沿海和海洋生物多样性等方式,来维护和增强这些生态系统的生产力与韧性。此外,该目标还倡导利用科学依据来管理水资源并促进可持续渔业,旨在到2030年形成健康的海洋和淡水生态系统,从而保障人类福祉以及支持全球经济体系发展。

在我们的蓝色星球上,保护环境与生态系统是地球公民共同的责任。本章通过"黄龙石记"探索地质秘密,通过"老渔民的'船'说"揭示海洋生物多样性的价值,通过"遥望灯塔"追寻自然与人文共生的智慧,以及在"我为家乡贻贝打'call'"中思考人与自然和谐共处之道,开启生动的跨学科环保之旅。

第一节　"黄龙石记"项目式学习设计案例

在这个瞬息万变的世界中,总有一些美景让人流连忘返,总有一些地方让人心生向往。在嵊泗列岛风景名胜区,令人陶醉的秘境如同一颗颗璀璨的明珠,散落在浩瀚的大海之中,其独特的自然风光和丰富的文化风情,吸引着无数旅行者前来探索。无论是奇特的造型、多变的肌理，还是丰富的植物和美丽的传说，每一个角落都充满了诗意与魅力。让我们一起踏上这次逐浪的旅程，去感受大自然的鬼斧神工和渔俗文化的深厚底蕴。在这次路途中，我们不仅可以欣赏到绝美的风光，更可以寻找到刻在海岛人血脉里的顽强意志。

一、项目背景

(一)课程缘起

嵊泗列岛作为全国唯一的国家级列岛风景名胜区，拥有“海上仙山”的美誉，有碧海奇礁等美丽的风光，其中黄龙岛上的“幻石灵礁”格外多，每年都能吸引大批游客前来观看。本项目便是基于“这些我们平时随处可见的石头为什么能吸引那么多游客不远千里来观看”生发而成的，并将利用本土资源再创作融入其中。

根据海岛学校实际情况，学校每年会组织春游、秋游活动，带领学生去海岛风光较丰富的地方进行采风，因此对海岛学生来说这个主题非常熟悉，具有一定的知识认知。同时，海岛地区具有富有特色的非遗文化资源，这些基础为创作出有本土特色的艺术作品提供了优越的条件。

在本项目中，学生既要探究本土文化又要进行文化创生，为本地的旅游宣传贡献自己的力量。

(二)课程价值

1.学生通过本次活动更了解本土景物的魅力，通过感受本土文化的内涵，培养本土文化认同感，进而发扬本土文化。

2.学生通过查阅资料、参观景点、采访相关人物等途径进行学习探究，通过与自然景观近距离接触，感受单个礁石的独特美和礁石整体景观的自然美，培养学生的审美素养。

3.学生通过了解礁石、表现礁石的整个探究过程，感受海岛风物的魅力，从而培养热爱家乡、热爱海洋文化的情感，提高自己发现美、表现美的能力，并从海岛的景物中学习到海岛人的精神。

4.学生通过课堂上的梳理深入，用多种形式表现礁石，创作出有深度的美术作品，培养创造力、想象力，并通过作品宣传本土景观，为本地旅游业贡献出一份力量。

5.本次项目活动有利于培养学生的组织统筹能力，以及查找整理资料、采访、交流等能力，增强团队团结合作意识，增进同学间的友谊。

二、项目框架

海岛资源富有极强的地域人文性和历史传承性。挖掘本土资源用于课程建设能够更好地保护本土资源，实现海洋文化的传承与发展。本课程从"海岛景观资源"所蕴含的特质中提炼"海岛文化"，以此培养学生的海洋精神、文化底蕴、家乡情怀，以"发现、探索、感知、创新"为目标，以发展学生核心素养为宗旨，构建了本次课程内容结构（图1）。

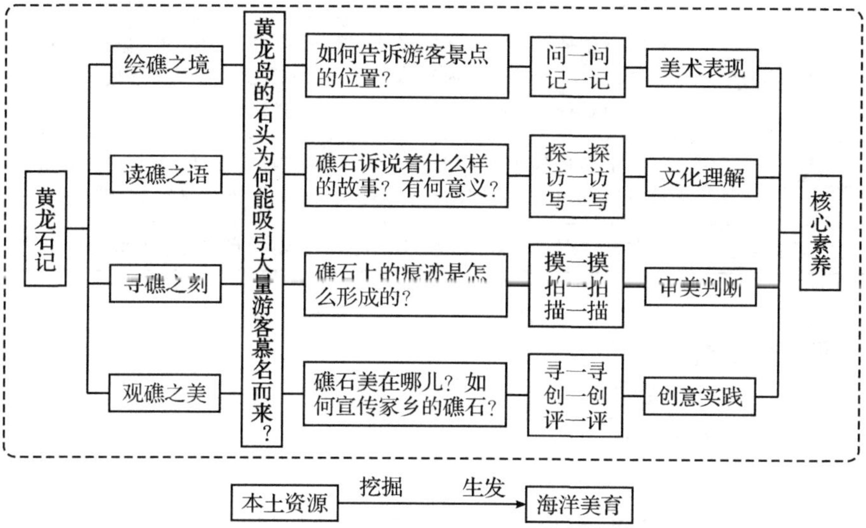

图1　"黄龙石记"课程内容结构

三、项目素养

根据学生发展需求，遵循美育教育的特点，本课程立足美术学科人文性特征，充分利用本土资源，营造美育环境，培育学生美术素养，弘扬海岛精神，让学生通过项目式学习活动在实践中体验，在体验中创新，在创新中成长。在主题课程的实施中教师通过多种方式对学生进行家乡文化的熏陶和海岛情感的浸润，学生在项目式学习中思维碰撞、概念生发，提高自主探究学习能力，提升核心素养（表 1）。

表 1　核心素养及其具体指向

核心素养	具体指向
形象思维	感受海岛礁石的魅力，学习构图取景的方法，用多种美术手法表现海岛风物之美
创造能力与问题解决能力	通过合作学习、自主探究、设计制作、分享交流等活动创作内容丰富的本土美术作品，提升自己的相关知识技能；运用项目式学习的方法解决“黄龙岛的石头为何能吸引大量游客慕名而来？”等系列问题
跨文化理解	学生通过探究与感受，加深对本土资源景观美的了解，培养爱海洋、爱家乡的情感，感受石文化和家乡的不解之缘，学习礁石精神
沟通能力	通过实地考察、采访等形式了解礁石景观的故事、知识和人文价值，为自己发现的礁石编写故事，在班级里以“礁石故事会”的形式和其他学生分享，感受海岛非遗文化
信息技术的掌握	学生通过线上查阅资料了解家乡礁石的位置，通过手机 App 拍照识别植物，并撰写公众号推文对家乡风光进行宣传
自主规划和自主学习	在自主探索与合作探究中学习，提高学习自主性与探究合作能力

四、项目实施

（一）第一阶段：项目启动

1.设计意图

通过入项课程组建项目小组，创设活动情境，提出驱动问题，明确本次项目式学习的任务，激发学生的探究积极性，教师传授基本知识以引导学生做好知识技能方面的准备。

2.课时安排：2 课时

3.活动过程

（1）确定活动人员

成立项目小组，小组成员为主要探究人员，全校学生作为项目实践参与人员。

(2)创设情境

教师通过启动课程让项目小组成员了解黄龙岛每到旅游季节游客爆满的情境,以及吸引游客慕名而来的特色,学生根据自己已有的认知思考原因,教师引出黄龙岛的石文化特色,让学生感受海岛礁石的吸引力。

提出驱动问题:黄龙岛的石头为何能吸引大量游客慕名而来?

(3)项目分组

项目小组以考察员小组的形式按混合学段分为三组,针对驱动问题确定不同的探究对象,制订项目计划和进行任务分配,确定项目任务为挖掘黄龙岛礁石的魅力,并将其通过作品进行展现。

(4)制订计划

每组在探究和创作过程中有不同的任务和作品要求,小组选出组长并进行分工,制订阶段调查计划,确认采访对象,设计采访问题,设计探究学习单。

(5)知识准备

教师在启动课程上对黄龙岛的地貌和地质知识进行简单介绍。

(二)第二阶段:项目过程

实施环节是整个项目式学习活动的关键,这一过程是学生不断探究问题、解决问题、再生发问题的过程,本次项目式学习活动的探究过程分为"赏""问""想"三部分,即学生通过观察记录、沟通学习、设计构思这三部分实现知识与技能的进阶。每一次探索都会有成果呈现和评价。

任务一:忆礁——绘礁之境

1.设计意图

海礁是海岛的象征,得天独厚的位置有利于黄龙岛形成独特的礁石。近年来内容明了、画面丰富有趣的手绘地图越来越流行了,通过前置调查学生已经知道了黄龙岛一些宝礁的具体位置,为了能够让更多人找到这些礁石,请小考察员们将自己调查的礁石位置信息进行整合,为黄龙岛礁石绘制小地图。(注意标注出标志性建筑和景观)

2.课时安排:2课时

3.活动过程

(1)前置调查

①调查黄龙岛有名的礁石的名称和位置，并记录周边环境，提出阶段问题：如何告诉游客景点的位置？

②对比山上的石头和海里的礁石，发现二者不同之处。

(2)课堂整合

①小组内汇报、分享调查到的礁石信息。

②整合位置信息，进行礁石位置草图绘制。

(3)地图绘制

①欣赏手绘地图，了解手绘地图的绘制要素和表现形式。

手绘地图绘制要素：方向、图例、标注

手绘地图的表现形式：平面式、立体式、简约式

②小组合作，以手绘地图的形式绘制礁石分布图。

(4)实际应用

①将手绘地图打印出来，制作成黄龙岛礁石分布旅游手册。

②利用休息日将手册发放给来旅游的游客。

③倾听游客对手绘地图的建议。

(5)成果形式：黄龙岛礁石分布旅游手册。

4.项目评价

完成成果评价表(表2)。

表2　任务一成果评价表

成果	★	★★	★★★	自评	组内互评
黄龙岛礁石分布旅游手册	手册地图绘制得不丰富，颜色单一，无法通过地图找到礁石的位置	手册地图绘制得较丰富，但创意不够，能够通过地图找到大致的位置	手册地图绘制得非常丰富，设计富有创意，能通过地图找到准确位置		

任务二：踏礁——读礁之语

1.设计意图

礁石浸染了渔家的情感信仰，每一块礁石都有着动人的故事和传说，你知道哪些宝礁的传说呢？在这些故事里你学会了什么呢？通过实地考察、

记录和采访把这些故事和感悟记录下来吧!

2.课时安排:2 课时

3.活动过程

(1)计划制订

①教师提前了解本地景观,为学生选择一些适合作为探究对象的礁石,指导学生确定采访要点,引导学生高效率制订计划和进行分工。围绕问题"礁石诉说着怎么样的故事?有何意义?"来选择调查对象,了解家乡礁石景点分布,选择适合实地探究的礁石景点。

景点要求:安全措施到位,礁石多样、有故事,有工作人员能够介绍礁石并可以接受采访。

②设计采访单,小组根据调查对象讨论设计采访问题,学习采访礼仪,组内进行采访演练,及时发现问题并解决问题。

(2)实地探究

①小组根据设计的采访单对对象进行探究和采访,做好记录。

例:黄龙岛人,历来以捕鱼、种地为业,邻里和睦相处,与世无争……

②小组合作,为没有故事的无名礁石取名、编写故事。

(3)故事生发

①学习提炼故事的方法,赏析漫画的表现技法,将记录的故事以漫画的形式展现。

②美术教师以授课的形式指导学生提炼故事内容和情节。进行小组分工,每个同学绘制一段有情节的漫画。

③组内成员针对自己小组记录的故事进行交流、讨论,说一说自己的感想。

(4)分享交流

每个小组将自己调查到的故事在班级里以故事会的形式分享交流,宣传海岛渔民的智慧和意志,其他同学说一说自己对故事的感受。通过分享学生能够了解更多关于本地礁石的传说故事,从而实现以项目文化育人的目标。

(5)成果形式:宝礁故事记录、宝礁故事分享会。

4.项目评价

完成成果评价表(表 3)。

表 3　任务二成果评价表

成果	★	★★	★★★	自评	组内互评
宝礁故事记录	故事记录简单，不够完整	能完整记录故事，用漫画的形式简单表现	能完整记录故事，漫画表达生动形象		
宝礁故事分享会	故事介绍吐字不清晰，声音较小，感染力弱	吐字基本清晰，声音能够让所有人听见，有一定感染力	吐字清晰，声音洪亮，富有情感，能让同学产生共鸣		

任务三：触礁——寻礁之刻

1. 设计意图

舟山有“千岛之城”的美称，其位于中国最广阔的陆架区，火山运动和海陆变迁在此处留下了丰富的火山岩地貌和地质遗迹。嵊泗地貌以海蚀地貌和海积地貌为主，这些地貌在礁石上留下了独特的痕迹，这些印记是怎么形成的？它们又诉说着怎样的海岛精神？

2. 课时安排：2 课时

3. 活动过程

(1)环境了解

通过科学课学习家乡的地理知识，了解舟山的地貌，感受不同地貌表现出的地质变化。

(2)实地探究

①拍摄记录景区富有美感的时刻。

②用线描画的形式表现礁石印记之美。

③调查礁石印记的形成原因(风化、流水、生物……)。

④教师引导学生观察发现礁石的不同印记，感受礁石需要时间的打磨和常年冲击、风化等作用，才会表现出独特的肌理，同时感受礁石所展现出的坚韧不拔的海岛精神。学生通过印记感悟礁石精神。

(3)名片设计

①了解舟山海岛的石头种类。

②收集独特的海岛石头并探究与其相关的信息。

③为自己的石头制作石头名片卡。

可以呈现的内容(根据呈现的信息自主调查了解)有:给石头取个名字吧,我从哪里捡到的,它的独特之处(形状、花纹、颜色),它的材质,我想赋予它的意义(故事)等。

(4)展示交流

利用调查到的信息在校园内举办石文化展,让其他同学也能学习到富有本土特色的地质知识,感受礁石中所蕴含的精神。

(5)成果形式:礁石信息记录表、石文化卡片。

4.活动评价

完成成果评价表(表4)。

表4 任务三成果评价表

成果性评价	★	★★	★★★	自评	组内互评
礁石信息记录表	信息记录得不够准确,手绘和摄影的效果不好,无效信息多	信息记录得较准确,有实际参考价值	信息记录得准确,富有美感,能体现礁石景观的美		
石文化卡片	卡片设计得不够美观,内容不够丰富,信息记录不切实际	卡片设计得较美观,内容较丰富,记录的信息有价值	卡片设计得精美,内容丰富,记录的信息富有学习价值		

任务四:赏礁——观礁之美

1.设计意图

一方水土养一方人,一方气候孕育一方景观。傍晚的海边或沙滩旁,礁石在霞光的映照下,如同红色的玛瑙一般,与大海组成了一幅幅美丽的风景,洁白的海浪拍打着美丽的红色礁,让人流连忘返。海岛的礁石的魅力在秋天最为突出,我们一起去欣赏礁石之美并记录下来吧!

2.课时安排:3课时

3.活动过程

(1)技能学习

摄影是提高图像记录效率、记录美好瞬间的一个重要手段。学生学习摄影的基础知识、基本技法，如构图形式、景别，学会取景构图。

(2)植物记录

①礁石上常年没有遮蔽而且土壤贫瘠，却依旧生长着许多植物，实地探访，寻找礁石上的植物种类。

②通过多种途径了解寻找到的植物的名称和习性。

③制作植物标签卡或者用礁石植物制作插花。

(3)礁石记录

①欣赏岛礁的形态和组成，用相机记录下富有美感的礁石风光。感受岛礁本身的造型美、结构美和颜色美，领略海岛的自然风光。学会用摄影的方式留住发现的美，感受不同取景构图方式展现的不同空间效果。

②对礁石景观进行简单的风景写生。

(4)成果形式：植物插花作品、礁石形状结构记录表。

4.活动评价

完成成果评价表(表5)。

表5　任务四阶段成果评价表

成果性评价	★	★★	★★★	自评	组内互评
植物插花作品	能够运用海礁植物进行插花，作品不够有美感	能够运用海礁植物进行插花，作品有一定的美感	能够运用海礁植物进行插花，作品富有层次，配色和谐，体现海岛秋之美		
礁石形状结构记录表	记录了一种礁石的造型和结构	记录了三种礁石的造型和结构	记录了三种礁石的造型和结构，记录形式多样		

(三)第三阶段：项目总结

1.设计意图

渔绳结是海岛宝贵的非遗技艺和传统特色，渔绳上的纹理和粗糙的质感与礁石的质感非常相似，同样是海岛的象征。经过前期考察，我们学习到了很多礁石知识，也创作出了许多作品，现在，我们要将学习到的知识和技能运用于礁石作品创作之中，结合本土材料创作出既能表现岛礁景观美感又能体现本土文化特色的作品,让更多的人感受到海岛礁石的魅力。

2.课时安排:5课时

3.活动过程

(1)信息梳理

学生对探究过程中调查到的信息进行提炼,相互交流分享,这样可以让参与项目的学生收获除自己小组调查到的信息以外的更多知识。将信息汇总成调查报告,组长进行汇报交流。

(2)艺创宝礁

①认识家乡的非遗文化渔绳结,感知渔绳与礁石肌理的共通之处。

②欣赏渔绳结礁石作品,探究海岛综合材料的创作方法。

③小组分工,合作创作渔绳结礁石作品。

(3)文创宣传

①欣赏不同地区的文创产品,从中汲取灵感。

②结合礁石特色设计文创产品,并与小组成员交流自己的设计思路。

例:从以下三个方面交流自己设计文创产品的思路。

产品形式:

产品材料:

产品理念:

③小组合作,制作礁石文创产品。

例:滴胶杯垫、礁石包包、礁石书签。

(4)"黄龙石记"

①认识展览的不同形式。

框架式、长卷式、悬挂式、台面式。

②设计小组成果展示方案。

例:"黄龙石记"沉浸式体验展方案(简)

a.创设展览情境,参观人员以"小游客"的身份进行体验,由项目小组成员担任"小导游",对成果进行介绍。

b. 小导游发放手绘地图卡，小游客选择感兴趣的礁石景点。

c. 小游客欣赏自己喜欢的景观礁石风光摄影作品，小导游介绍景点礁石的故事和相关地理知识。

d. 小游客在小导游的指导下体验礁石植物插花制作，并了解礁石的植物知识。

e. 小游客欣赏渔绳结礁石作品，在小导游的指导下几个人合作完成渔绳结礁石作品。

f. 小游客欣赏渔绳结滴胶作品，并在小导游的指导下用喜欢的材料体验滴胶制作。

g. 部分学生充当小记者对几个小游客进行采访，请他们说一说自己的观展感受。

③设计展会海报、门票和介绍词。

在校园里举办“黄龙石记”沉浸式礁石魅力展。

(5)交流评价

活动后以采访的形式进行成果性教师评价和学生评价。

(6)成果形式：渔绳结礁石作品、礁石文创作品、“黄龙石记”作品展。

4. 活动评价

完成成果评价表(表 6)。

表 6　第三阶段成果评价表

成果性评价	★	★★	★★★	自评	组内互评
渔绳结礁石作品	构图不美观，色彩太单调，绳结杂乱，效果不好	构图较美观，色彩较丰富，绳结粘贴整齐	构图美观，色彩丰富，绳结填充精致，效果好		
礁石文创作品	没有创意，不美观，不吸引人	有一定的创意和美观度	创意丰富，美观，体现本土文化		
“黄龙石记”作品展	展示形式单一，海报和介绍词不吸引人	展示形式多样，海报和介绍词突出主题	展示形式多样，海报和介绍词吸引人，整体特色鲜明		

五、项目反思

此项目式学习活动充分挖掘了本土岛礁景观资源,学生通过活动了解了本土礁石景观文化,以石为链,学习到了丰富的地理科学知识和摄影构图取景技能,创作出了丰富多样的礁石作品。教师也在全校范围内进行了一次海岛美育教育,传授礁石蕴含的精神,培养了学生热爱家乡、热爱海洋文化的情感,提高学生发现美、表现美的能力。

项目式学习活动驱动问题的设计需要很强的开放性,学生的任务成果不受局限,不同的思维通过引导会形成不同的解决问题形式。在本次活动中,教师的目的是让学生寻找家乡礁石景观之美并基于此进行创作宣传。创作的范围非常广,这里的驱动问题设计为"黄龙岛的石头为何能吸引大量游客慕名而来?",这个问题能够让学生生发出许多创意,同时也会产生新的子问题,每个子问题的解决方式都不是固定的,让学生有更多的创造空间,教师能够带领学生走出课堂进入实地,直接在真实生活中发现问题。小学美术教育不只是引导学生单一地按照教师的指导或者课本的引导完成某件美术作品,更希望学生能够动用自己的高阶思维设计、创造出有新意的作品。而本次项目化课程不仅促进了学生的创新思维发展,还很好地解决了实际生活中遇到的问题。

第二节　"老渔民的'船'说"项目式学习设计案例

流转于岁月间的文化凝结,以符号的形式存留,它封存记忆,带来感动。在岁月长河中,家乡那些独特的文化符号汲取了地域文化的精华,是文化传承过程中积淀下来的宝贵财富,它见证着家乡历史的变迁,展现着独有的魅力和文化底蕴,彰显了民族智慧与精神品质。

但是有些文化符号却在慢慢淡出人们的视野。文化的铸就需要时光沉淀,其传承也需要薪火相传,不断接力。让我们一起开启这段文化探寻之旅，领略家乡的文化烙印，揭开家乡蕴藏的文化底色，用艺术的火光点亮传统文化的“长明灯”。

一、项目背景

（一）项目缘起

嵊泗列岛因优越的地理环境、悠久的历史文化、秀美的海岛风景、丰富的物产资源，孕育出了许多独特的文化符号。“船”就是海岛最具代表性的文化符号之一，是海洋文化的核心符号。船，对于生活在海岛上的我们自然是最常见的，它不仅是海岛联系大陆的重要交通工具，也承载着海岛人对美好生活的梦想和希冀，它是海岛人心中永远的情结。而渔船是嵊泗最为普遍的船只，是海岛人民享受大海馈赠的重要工具。渔民把渔船看成自己最亲的伙伴，是他们世世代代赖以生存的依靠。但是，随着时代的发展，传统的造船厂、修船厂越来越少，那些传统的造船技艺、船文化也在慢慢地流失，因此该如何去保护好、传承好先辈留下的智慧和财富是值得我们探究的课题。

（二）课程价值

随着美术课程改革的不断深入发展，打造具有浓厚地域文化特色的本土美育课程成为学校课程建设的一大亮点。本课程的开发和实施丰富了学校海洋美育课程体系，体现了培育学生的核心素养、传承具有本土特质的海味文化和海洋精神的教育理念，有助于“立德树人”“融艺育人”“以情感人”的教育目标的实现。课程基于本土船文化，开展项目式学习，学生结合美术、信息技术、综合实践等内容进行探究实践活动，运用多种学习方式及认知策略，建立对船文化的深度理解，并学会用泥塑结合定格动画的呈现方式表现船文化，传承传统智慧，形成项目化学习成果。通过前期的策划讨论研究，培养学生组织策划能力和合作交流能力，调动学生学习的积极性、主动性，提升学生的逻辑思维能力。通过外出参观、采访、考察活动锻炼学生的社会交往能力和语言组织能力，培养学生倾听、表达、沟通、合作的技能，提升学生自信心，调动其好奇心，激发学生探究的欲望。在泥塑与定格动画的创作过程中，提升学生的审美与创造能力，培养学生创新及文化传承的意识。

二、项目框架

项目式学习是一种以学生为中心的教学模式，是通过学科实践，以大观念、大任务、大项目等为统摄，依托真实问题情境来实现的。为此，教师需要深刻把握学生发展和学习规律，从学科教学转向学科育人；对知识和经验做结构化理解与把握，进行一体化设计与教学。因此本课程以春游时学生参观渔俗风情馆为真实情境，借此激发学生对船模的浓厚兴趣。通过提出驱动问题"先辈留传下来的造船技艺、智慧和财富我们该如何去保护和传承？"，确定项目的最终任务：拍摄一部能表现嵊泗船文化的定格动画。然后通过逆向设计的方法，罗列出完成此任务所需要的知识与技能，形成了寻"船"觅迹——形成保护传承之动力、广识"船"闻——感受船文化之魅力、塑型"船"神——探究泥塑渔船之美感、船"情"达意——探索渔船动画之情趣、薪火相"船"——弘扬船文化及精神这几个子项目，最终形成成果，并迁移反思。课程内容结构如图 1 所示。

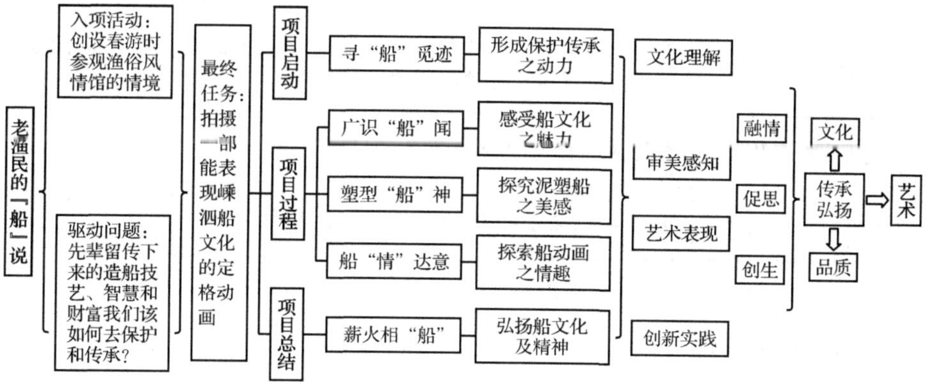

图 1　课程内容结构

三、项目素养

义务教育课程方案和课程标准（2022 年版）的出台标志着我国基础教育课程改革全面进入核心素养新时代。所谓"学生发展核心素养"，是指学生应具备的、能够适应终身发展和社会发展需要的必备品格和关键能力，是每一名学生获得成功生活，适应个人终身发展和社会发展所需要的、不可或缺的共同素养。此课程从以下几方面出发，实现对学生核心素养及能力的培养，从而达到育人目标（表1）。

表1 核心素养及其具体指向

核心素养	具体指向
形象思维	了解渔船的造型特点，通过欣赏不同技法制作的泥塑作品，感知其呈现出来的不同效果，掌握选择适合的泥塑技法表现不同物体的方法
创造能力与问题解决能力	运用项目式学习的方法解决“如何用泥塑定格动画展现嵊泗船文化”等系列问题
跨文化理解	综合实践活动：了解嵊泗渔船的发展历史及海上作业等方面知识。 美术学科：学会用泥塑的制作技法表现故事中的事物，能通过绘制定格动画分镜头脚本表现故事画面与镜头。 信息技术学科：学会用定格动画相关软件创作泥塑定格动画。 语文：结合自己的理解和感悟，将综合实践活动获取的信息创编成一个故事来表达嵊泗的船文化
沟通能力	采访相关人士了解嵊泗的船文化，根据创作的内容与心得，分享对船文化及祖辈智慧与精神品质的理解、感悟
信息技术的掌握	查阅网络资料、完成学习单、制作定格动画
自主规划和自主学习	小组合作、自主学习、探究安排的合理性

四、项目实施

（一）第一阶段：项目启动

1. 设计意图

项目式学习通过让学生解决生活中的真实问题，调动学生学习的积极性，促进学生思维的发展。问题情境的创设要贴近学生的生活且能激发学生兴趣，引起共鸣。因此笔者设计了春游时学生参观渔俗馆的情境，引导学生树立保护并传承船文化的项目意识。

2. 课时安排：1课时

3. 活动过程

（1）创设情境

春游时老师带领学生参观青沙渔俗馆，引导学生欣赏船模，并引发学生对船模的兴趣以及一系列的思考。通过馆内工作人员的介绍，学生了解到嵊泗的船厂越来越少，传统的渔船慢慢退出了历史的舞台，那些传统的造船技艺也在慢慢流失，让大家明白制作船模、开办展馆的意义。

（2）提出问题

那么学生能为此做些什么呢？那些先辈们留传下来的造船技艺，那些智慧和财富我们该如何去保护和传承呢？我们该怎么去获得这些智慧和财富？最后又该如何去呈现我们的学习成果？引发学生进行头脑风暴，生发各种子问题。

（3）明确问题

为提升海岛旅游文化内涵，嵊泗县举办了船文化作品征集活动，结合驱动问题引导学生思考船文化中蕴含着哪些智慧和财富以及我们该怎么去获得这些智慧和财富。如果结合学校的陶泥特色，我们又该如何去呈现船文化？明确了研究的方向及内容，再对子问题进行梳理、提炼，最后确定以泥塑结合定格动画的呈现方式来创作能展现嵊泗船文化的作品，然后通过展览等形式宣传和推广嵊泗的船文化。

（4）任务驱动

要创作展现船文化的作品，教师需要先引导学生思考以下问题：

①对于创作这个作品，你有什么困惑？

②你想了解哪些相关的知识、技能？你会通过什么途径去了解这些知识？

③如何在作品中呈现先辈们留下的智慧和财富，体现嵊泗船文化的特点？

④你计划怎样完成这个作品？

让学生根据问题探究解决问题的办法。鼓励学生用思维导图进行梳理、提炼，形成清晰的任务框架（图 2），便于学生明确任务，有条理地进行探究活动。

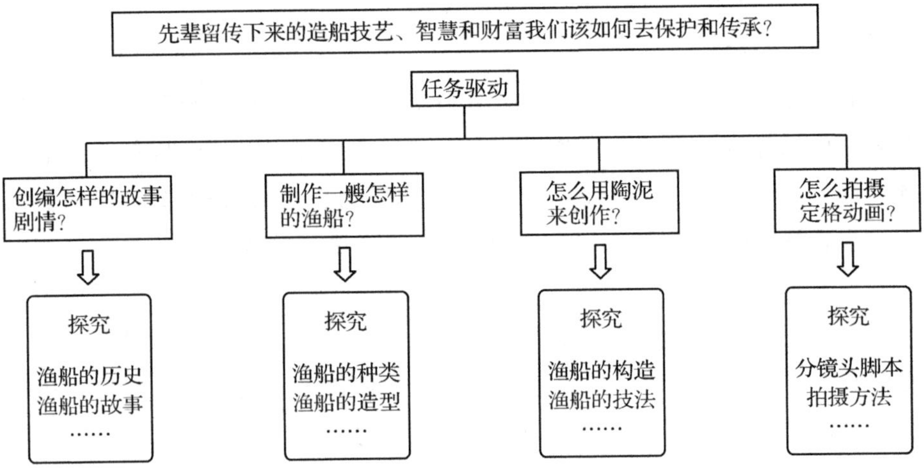

图 2　任务框架思维导图

(二)第二阶段:项目过程

任务一:广识“船”闻

1. 设计意图

学生对渔船的基础认知基本停留在其外观及作用上,但要完成这个最终的美术创作,势必需要深入地去了解更多的船文化,因此学生组成了综合活动小组,探讨获得知识、信息的各种途径,然后通过考察、调查、访问、参观、查询等方式深入地了解渔船的历史、种类、造型特点、造船技术等相关信息,感受先辈们留下来的物质与精神财富,为后期的创作做好知识储备和情感铺垫。为了能有序地开展综合实践活动,教师需要引导学生制订相应的活动计划,并确保落实到位。

2. 课时安排:2 课时

3. 活动过程

(1)制订计划

①学生分小组确定探究内容,如:渔船有怎样的发展历史? 渔船是怎么建造的? 有多少种不同的渔船? 它们分别用于捕捞什么海鲜? 渔船上的这些设备有什么作用? 渔民是怎么捕鱼的? 并提出可行性的采访问题。

②学生分小组设计综合实践活动计划表(表 2),表的内容包括活动时间、采访对象、活动地点、所需工具等,小组分工合作,明确各自任务。

表 2　综合实践活动计划表

项目名称				小组名称	
项目团队				组长	
主要任务					
组员姓名	负责任务	活动地点	活动时间	采访对象	所需工具
预期成果					

(2)分小组完成综合实践探究任务

①小组利用各自资源,在节假日开展综合实践活动。如:走进展馆,参观船模展陈、观看视频、阅读介绍,聆听讲解,了解渔船的相关信息;来到码头,观察渔船、走进渔船、了解渔船的结构构造,采访渔民,了解渔船相关构造;走访船厂,了解造船的相关知识。

②学生根据拟订的考察、采访计划,按照各自分配的任务拍照、拍视频、询问、记录(表 3)。

表 3　访谈记录表

采访时间		采访地点		采访对象		采访者	
采访问题							
采访结果							

(3)组内交流

小组成员交流自己收集的信息,并完成文字、照片、视频等信息的收集整理工作,撰写讲解稿,完成 PPT 的制作。

(4)学习成果展示

每个小组派代表上台进行综合实践活动成果汇报,并通过学生点亮星星的方式评选出“最佳探学奖”(小组)、“最佳讲解员”(个人)这两个奖项。

(5)编故事、绘脚本

①根据收集的知识和信息，教师组织学生讨论哪些信息更能凸显船文化、展现先辈留传下来的智慧以及如何在作品中体现这些。然后进一步引导小组讨论：想制作怎样的渔船、它有什么特征、表现怎样的场景、体现怎样的情感、船上的人物剧情如何设定、需要什么综合材料的辅助。学生根据学习单展开讨论，最终将考察、采访了解到的渔民生活劳作的场景编成故事。

②教师播放《快乐的假期》定格动画，并出示相应的分镜头脚本，提问：两者有什么联系？

③教师介绍分镜头脚本。

分镜头脚本又被称为“导演剧本”，它是在视频开拍前，用来将文字剧本转化为具体视觉表现的中间媒介。它也是摄影、录音、剪辑等部门工作人员在现场拍摄时的重要参照蓝本。

④通过微课视频了解分镜头脚本的创作、绘制方法。教师介绍分镜头设计小技巧，演示切换不同镜头会产生不一样的视觉感受。

远景：是指拍摄远距离人物和景物，表现广阔深远景象的画面。远景重在渲染气氛，常用于介绍环境、显示人物的处境，或者表达一定的意境。

全景：是指拍摄人物全身形象或者场景全貌的画面，用来体现场景和人物形象的完整性，多用于塑造人物形象和交代场景。

中景：是指拍摄人物膝盖以上部分或者局部环境的画面。中景既表现了人物的表情，又展示出了人物活动的环境，是叙事功能较强的一种景别。

近景：是指拍摄人物胸部以上或者物体局部的画面。在表现人物时，近景着重表现人物的面部表情，传达人物的内心世界，是刻画人物性格较有力的景别。

特写：是指拍摄人物脸部或者放大物体某个局部的画面。特写能表现人物细微的情绪变化，具有强调和呈现人物心理变化的作用。

切换不同视角拍摄也会产生不一样的效果：

Ⅰ平视拍摄：是日常摄影中最常用的角度，平视拍摄角度也最符合人眼视觉习惯。平视拍摄就是让相机与被摄主体保持在同一水平位置进行构图的拍摄，可以使画面产生平和、均衡的视觉感受。

Ⅱ仰视拍摄：就是在拍摄时，相机的位置低于被摄体，形成由下往上的拍摄角度。采用仰视拍摄手法，可以使被摄体在画面中表现出高大宏伟的形态，同时也增加了画面空间立体感和视觉冲击力。

Ⅲ俯视拍摄：就是在拍摄时，相机的位置高于被摄体，形成由上往下的拍摄角度。采用俯视拍摄可以让更多的元素进入画面中，有一种居高临下、纵观全局的视觉效果。

⑤欣赏并分析优秀的分镜头脚本。

⑥每个小组根据创编的故事剧情发展将其改编为分镜头脚本（表 4）。

表 4　分镜头脚本设计表

<table>
<tr><th colspan="3">分镜头脚本</th></tr>
<tr><td colspan="3">作品名称：</td></tr>
<tr><td colspan="3">项目团队：</td></tr>
<tr><td>①</td><td>②</td><td>③</td></tr>
<tr><td>剧情：</td><td>剧情：</td><td>剧情：</td></tr>
<tr><td>④</td><td>⑤</td><td>⑥</td></tr>
<tr><td>剧情：</td><td>剧情：</td><td>剧情：</td></tr>
</table>

（6）分镜头脚本展示

每组派代表展示介绍创编的故事及绘制的分镜头脚本，并通过自评、互评、师评的方式评选出“故事大王”（小组）和“最佳分镜头脚本”（小组）两个奖项。

（7）任务评价

评选最佳分镜头脚本（学生自评、学生互评、教师评价）。

（8）项目阶段性成果

完成《老渔民的“船”说》故事、分镜头脚本。

任务二：塑形“船”神

1.设计意图

教师引导学生观察事物的造型结构和特征，探究泥塑创作的基本技能，通过欣赏、审辨、实践提升审美能力及创作力，用泥塑的形式来准确地表现故事，创作出既有美感又能体现文化内涵和价值的作品。为了使学生能有序地进行实践体验，教师可利用学习单有效地组织学生进行实践活动。

2.课时安排：2课时

3.活动过程

(1)探究渔船

①通过观看视频了解嵊泗渔船的发展史。

②你们认识这些渔船吗？请小组合作探究，选择一艘渔船，在资料库里了解信息，并完成学习单(图3)。通过完成学习单的方式了解不同种类渔船的造型特征、渔船的构造及各部件的作用。

渔船初体验学习单

1.渔船的名称：__________________。

2.观察船的头部、尾部和上层建筑，它们分别有什么特点？它的船侧板与下图有什么区别？请在下图的基础上画一画这艘船的造型图。

3.你了解到了什么信息？

4.寻找船上的一个零件，说说它有什么用。

图3　渔船初体验学习单

③你知道渔船是怎么建造的吗？请扫码(图4)观看视频，你发现其中的

奥秘和先辈的智慧了吗？观看船的构造视频，了解渔船的构造，完成学习单（图5）。

图4　船的构造视频

破解渔船构造中的密码

我发现了：

图5　学习单

（2）学习泥塑技法

①询问同学是否发现，活动中摆放的三个陶泥作品是用不同的方法制作而成的，它们分别用了什么方法来表现？用这种方法制作而成的陶泥作品给人怎样的感受？观察分别用泥球、泥条、泥片等制作而成的作品，探究其技法，感受不同的技法带来的不同的效果。

②分析嵊泗的各种渔船结构，探究分别用什么技法制作其模型更为合适。

③观看关于泥船制作的微课，欣赏范作。

（3）学生创作

通过前期的探究尝试，学生已经对陶泥的制作方法有了更深的了解，教师可引导学生尝试用陶泥制作一艘嵊泗的渔船。在创作之前请学生完成学习单（表5）的讨论一、讨论二，为学生更有效地完成任务打下基础。引导学生先思考创作方法与步骤，然后合理地分配任务，再进行实践创作，并提醒学生在创作时若遇到困难或失败可以一起讨论解决问题的办法，再进行尝试。

表5　陶泥渔船创作学习单

陶泥渔船创作学习单 小组：	
讨论一	我们打算制作哪种类型的渔船？怎样用陶泥做渔船？说说制作方法和步骤。

续 表

讨论二	如何分配任务？
讨论三	创作过程中遇到了什么问题？
讨论四	问题是如何解决的或从中总结了什么经验？
任务评价	小组自评：　　　　教师评价：

(4)根据分镜头脚本罗列出所需的其他物体及背景，并确定分别用什么表现形式制作，以及如何分配任务(表6)。

表6　道具创作分配表

作品名称				
小组名称				
制作者				
道具				
背景				
表现形式				

(5)学习展示

每个小组展示并介绍自己的作品，并通过自评、互评、师评的方式评选出"最佳作品"(小组)。

(6)任务评价

评价最佳作品(表7)，评价包括学生自评、学生互评、教师评价。

表 7　最佳泥塑作品评价表

最佳泥塑作品（自评、互评、师评）			
项目小组			
评价内容	自评	互评	师评
作品造型准确、美观，制作精美	☆☆☆	☆☆☆	☆☆☆
构图完整、合理	☆☆☆	☆☆☆	☆☆☆
能展现嵊泗的船文化	☆☆☆	☆☆☆	☆☆☆

(7)项目阶段性成果："老渔民的'船'说"泥塑作品。

任务三：船"情"达意

1. 设计意图

定格动画是一种特殊的动画表现形式，它能使没有生命的物体动起来，深受学生的喜爱，因此可以利用这一技术，使泥塑作品"动"起来，通过之前创编的故事及绘制的分镜头脚本，来演绎老渔民的"船"说故事，生动形象地诠释船文化。学生初学定格动画时，教师可以通过播放定格动画激发学生兴趣，通过微课视频教授学生创作的方法，让学生先拍摄桌上的文具，以初步获得拍摄经验，如拍摄的仪器要稳定，不能随意移动，这样画面才会稳；物体移动的幅度要尽量小点儿，一个动作拍摄的照片多一点儿，动态效果才会更连贯，有了这些经验后再进行故事的拍摄能使创作更高效。软件里有很多功能，建议学生自主探究，利用软件创作更为精彩的定格动画。

2. 课时安排：2 课时

3. 活动过程

(1)了解定格动画

①询问学生是否知道什么是定格动画，扫描二维码（图 6）一起欣赏这部我国早期的定格动画《神笔马良》。观看《神笔马良》动画片，使学生领略定格动画的魅力。

②观看视频，了解什么是定格动画。

③扫描二维码（图 7）观看微课，学习如何利用定格动画制作软件拍一部小电影。

图 6 《神笔马良》定格动画　　　　图 7 定格动画教程

(2)拍摄定格动画

①准备拍摄器具，下载好软件。

②学生初次体验时，让其先用现成的物品拍一个定格动画。

③展示、评价作品，发现问题，探讨解决方法，总结经验。

④根据故事情节准备需要的泥塑渔船、人物、道具与背景。

⑤小组分工合作，根据分镜头脚本，用上节课制作的泥塑作品拍摄定格动画。

(3)后期制作

①观看如何修改、调整定格动画的视频。

②观看如何给定格动画配音、配字幕、配音乐、配特效的视频。

③学生尝试修改，完善定格动画，并为动画配上相应的字幕、音乐等特效。

(4)成果展示

每个小组展示并介绍自己小组拍摄的定格动画，并通过自评、互评、师评的方式评选出“最佳动画”(小组)。

(5)任务评价

评价最佳动画(表 8)，评价包括学生自评、学生互评、教师评价。

表 8　最佳动画评价表

最佳动画(自评、互评、师评)			
项目小组			
评价内容	自评	互评	师评
故事内容丰富，情节清晰明了	☆☆☆	☆☆☆	☆☆☆
拍摄画面稳定、效果流畅	☆☆☆	☆☆☆	☆☆☆

续　表

评价内容	自评	互评	师评
拍摄镜头、视角、构图合理,完整,美观	☆☆☆	☆☆☆	☆☆☆
字幕、音效、特效等后期制作合理,效果佳	☆☆☆	☆☆☆	☆☆☆

(6)项目阶段成果:“老渔民的‘船’说”定格动画。

第三阶段:项目总结

1.设计意图

学生通过对船文化的理解创作完成了“老渔民的‘船’说”定格动画,如何传承和弘扬嵊泗的船文化是学生接下来需要思考的问题。现代社会宣传推广作品的途径很多,教师可以引导学生以静态或动态的方式在线上或线下、校内或校外展示学习成果。比如可以在班级举办展览,或借助网络的力量,在社交平台展示作品,还可以参加各级比赛或在旅游景点进行作品展示,让更多的人关注了解嵊泗的船文化。与此同时,教师要引导学生进行展览策划、设计、布置,使项目成果得以更好的展现;引导学生回顾项目式学习历程,引发学生思考知识认知、技能认知、情感、智慧、审美、文化内涵、精神品质、生命意义等要素,还可以让学生就自身能力的发展谈谈感想。

2.课时安排:2课时

3.活动过程

宣传方式一:线下展览

(1)确定布展方案

①欣赏优秀的学生作品展览的视频及图片。

②学生小组讨论:如何将“老渔民的‘船’说”泥塑作品进行展示?

③设计、绘制布展的草图。

④小组汇报交流布展设计。

⑤制订布展计划,小组分配任务。

(2)展览布置

①根据草图搭建展台。

②摆放泥塑作品。

③摆放好电视机,播放定格动画。

(3)成果展示、宣传

①每个小组展示自己设计布置的作品展览,并通过自评、互评、师评的方式评选出“最美展区”。

②讨论:除以校内展览的形式进行宣传外,完成的作品还可以通过哪些线下的活动进行展示、宣传?

(4)任务评价

评选出最美展区,评价包括学生自评、学生互评、教师评价。

宣传方式二:线上推广

(1)讨论:完成的作品可以通过哪些线上的途径进行展示、宣传?

(2)将作品在线上进行宣传。

(3)项目阶段成果:学生作品展览照片及线上宣传照片。

(4)交流反思

收获:教师引导学生谈谈对这次项目式学习的感受和收获。

反思:引导学生回顾自己在这次项目式学习中的优点及不足。

五、项目反思

此项目虽然告一段落,但是可持续的项目式学习脚步并未停歇,教师引导学生继续思考:为什么传统的渔船被现代高科技的渔船替代?如果你是渔船设计师,你会怎样设计更适应未来的渔船?让学生在继承传统的同时展望未来,创造嵊泗未来的船文化成为下一个需要研究的项目化主题。

本项目通过问题情境引出驱动问题,并形成了项目核心任务,以任务为导向,指向终极目标,通过逆向设计的方法,引导学生思考要实现这一目标所需要建构的知识与技能、会遇到的困难和障碍、解决问题的途径和办法,以便将任务逐层拆解,分解成不同的子任务落实到教学中,形成环环相扣的任务链及走向深度的学习支架,从而促进学生建构知识体系,以及在真实情境中发现问题、分析问题,将知识技能转化为解决问题的能力,提升自身核心素养,真正将知识学习转变为素养的培养。

“老渔民的‘船’说”项目式学习让学生通过了解船之史,感受家乡的巨变;通过欣赏船之型,培养艺术审美能力;通过探究船之造,提高探究实践能力;通过体验船之态,提升动手表现能力;通过感受船之情,激发对家乡船文化的热爱之情;通过感悟船之韵,体会渔船中蕴藏的文化底蕴。嵊泗的船文化在学生的学习创造中得以传承与发扬,学生的能力和素养在实践活动中得以发展和提升。通过项目式学习,他们既学会了做事又学会了做人,提升了核心素养,成为一个具有家国情怀的海岛主人翁。

第三节　“遥望灯塔”海洋美育项目式学习设计案例

家乡百年,岁月如歌,历史的长河中沉淀着无数的故事和回忆。漫步在熟悉而又古老的街道上,那些历经百年风雨的一砖一瓦、一山一海、一礁一塔都仿佛在诉说着一段段陈年旧事。

从这些历史的痕迹中,我们能够穿越时空,感受到家乡百年的沧桑变化。这里,我们记录下那些难忘的瞬间,留住那些珍贵的记忆,开启一段唤醒审美意识、光耀育人意义的旅程。让我们共同感悟家乡百年韵味,探寻那段尘封已久的历史。

一、项目背景

(一)项目缘起

本项目聚焦嵊泗灯塔而展开。现代意义的灯塔的产生距今有一百多年的历史,从前期的调查发现,学生最为熟悉的嵊泗境内的灯塔是花鸟灯塔,但他们对灯塔的历史文化等方面了解甚少。嵊泗境内一座座百年灯塔见证着时代的变迁,承载着科技的进步,面对曾经遇到的种种困难,全国上下众志成城,所有人用默默无闻的坚守、奉献点亮守望家乡的灯塔,向全世界展现出中华民族强大的凝聚力,这就是灯塔精神。灯塔所展现的是“引领、坚守、担当”的精神,这些是学生需要学习的核心。

本项目的实施对象为小学三至四年级学生，共11课时，结合“链式”美术教育理念，通过活动探究与实践，唤醒学生审美意识，激发学生思辨力发展，展现出灯塔这一航标建筑承载的人与自然、人与人、人与社会之间和谐有序、光耀育人的意义和作用，展现出持续性探究学习的价值和生命个体的感悟，真正实现使深度学习发生、使核心素养落地。

（二）课程价值

为弘扬海洋精神，学习海洋文化，培养具有海洋气息和海岛人文精神的现代海洋人，推进学校海洋美术特色教育品牌建设，提升海岛学生艺术核心素养，学校结合实际开设以“遥望灯塔”为主题的课程。本课程实施方式为项目式学习，课程重点凸显五大元素，即海洋元素、审美元素、文化元素、实践元素、生命元素，依据“链式”美术教育理论，从审美链、文化链和生命链三个方面来制订课程实施目标，通过美术学科中各学习领域的有效整合、美术学科与其他学科的共同参与，发展学生探究、关联、创造等可持续能力，生成和发展新的教育目标。

从小学生发展的角度来说，注重每位学生的发展是新课改的核心理念，也符合以生为本的教育理念。通过项目式学习的开展，提升学生对“灯塔”的认知，让美术融入生活，让学生在实践中启智，从而提高学生美术素养，从美术真正走向美育，这也是本课程的意义所在。

二、项目框架

在入项活动中，学生观看“花鸟灯塔标准文化礼仪启动仪式暨首次礼仪点灯活动”视频，此创设真实情境，以“是什么让百年灯塔屹立不倒，灯塔之光依然闪耀？”为问题导向，引发学生思考、判断，从而感受灯塔内在的情感与精神，最终的任务是让学生以自己喜欢的方式，塑一座心中精神之塔。

从情境创设到问题明确，是对问题梳理、归纳的过程，最终目标是满足学生探究的需求，驱动学生运用高阶思维去思考和解决问题。本项目围绕一个大主题和四个分项目进行研究（图1）。

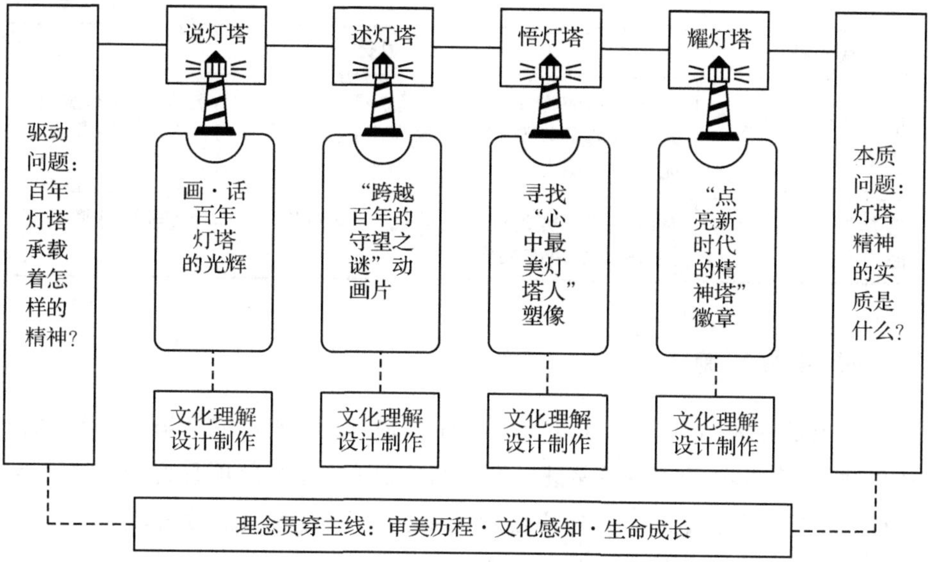

图1　“遥望灯塔”海洋美术项目化学习框架

三、项目素养

项目式学习活动强调多学科、多形式、多感官、多维度学习。教师可以突破学科界限，推进学科融通，帮助学生把生活中的人、事、物变成真实的学习资料，使学生的学习真实发生，学生的美术综合素养得到提升（表1）。

表1　核心技能及其具体指向

核心技能	具体指向
培养逻辑思维的能力	通过分析与综合、归纳与演绎、分类、类比与比较，对研究项目进行分解、发散与集中
培养自主规划与自主学习的能力	小组自主学习，探究安排的合理性，在探究中体验合作学习的乐趣，提升合作能力和品质
培养收集与处理信息的能力	学会通过上网搜索、查阅文献等方式搜集资料，尝试整理、分析与发布信息
培养动手与审美的能力	学会画灯塔、制作定格动画、制作“最美灯塔人”塑像、制作“灯塔”徽章等，能对每次的成果进行合理评价

续　表

核心技能	具体指向
培养合作能力与责任感	充分挖掘海洋文化资源，树立责任担当意识，激发了解家乡、热爱家乡的美好情感。在探究中体验合作学习的乐趣，提升合作能力和品质
培养总结与交流的能力	及时整理研究过程中的感受，分享对灯塔的印象，理解灯塔的精神，展示本组的创作成果

四、项目实施

本项目分为四个分项目：说灯塔、述灯塔、悟灯塔和耀灯塔。梯级式任务串联，每个分项目间层层递进。在项目实施中，每个分项目都根据核心问题引申出三个子问题，每个分项目中的第三个子问题就是该分项目的最终任务，每个子问题都有相对应的阶段成果。

(一)第一阶段：项目启动

1. 设计意图

满足学生探究的需求，驱动学生运用高阶思维去思考和解决问题。

2. 课时安排：1 课时

3. 活动过程

(1)创设情境

①学生谈谈自己对灯塔的认识。

②学生观看“花鸟灯塔标准文化礼仪启动仪式暨首次礼仪点灯活动”视频，分享观后感。

(2)提出问题

嵊泗境内的“花鸟灯塔”建于 1870 年，被称为“远东第一灯塔”，距离现在已有百年历史。随即引出驱动问题：是什么让百年灯塔屹立不倒，灯塔之光依然闪耀？百年灯塔承载着怎样的精神？

(3)明确问题

在真实情境的创设中，以“百年灯塔承载着怎样的精神？”为问题导向，引发学生思考、感受灯塔内在的情感与精神。在项目化驱动问题的引领下，学生商讨研究方向，确定研究内容，各小组制定整体方案。

(二)第二阶段：项目过程

项目一：说灯塔——画·话百年灯塔的光辉

1.设计意图

搜寻嵊泗百年灯塔的历史、地理位置信息、典故，通过多种途径表现百年灯塔文化的独特魅力，培养学生的设计制作能力、创新能力，使其感受家乡海洋文化的魅力，进一步强化对家乡的热爱之情。

2.课时安排：2 课时

3.活动过程

(1)子问题 1：你们知道家乡有哪些百年灯塔及其历史文化吗？

①课前学生收集灯塔图片，说一说灯塔的作用。

②学生欣赏有关灯塔的图片，了解灯塔是由灯具、塔身和塔基三部分构成的。从而引发学生思考：为什么灯塔的外形结构以圆柱形结构为主？

③学生与科学老师共同完成实验操作。通过实验学生知道，虽然在建设过程中方形的建筑要比圆形的建筑简单得多，但灯塔一般都建在海边，在天气恶劣的时候，海边往往会有海啸、台风等，圆形的建筑在受力方面来说要比方形建筑均匀得多，可以减小海浪冲击的力度，而且圆弧造型可以分流强风的风力。最终得出灯塔的外形结构以圆柱形结构为主具有其合理性的结论。

④学生借助学习单选择自己喜欢的方式对嵊泗境内百年灯塔的建造年代、地理位置、特点和作用进行深入研究。

⑤小组或个人分享学习成果，完成评价。

(2)子问题 2：如何将自己收集到的灯塔资料用绘画的形式进行宣传呢？

①学生根据“如何设计一张新颖的灯塔名片呢？”驱动问题进行构思。教师引导学生了解“名片”的概念，学生自主上网查阅名片相关资料。

②教师指导学生通过美术语言进行灯塔文化宣传，学生选择 1—2 座家乡灯塔进行研究，整合收集到的信息后设计灯塔名片。

③根据“灯塔名片设计”评价标准，结合学生的整体表现进行评价(表 2)。

表 2 “灯塔名片设计”评价表

评估点	★★★	★★	★	自评	互评	师评
信息收集	能积极、全面、准确地收集相关信息	能较完整地收集相关信息	信息记录欠完整，需在同伴的帮助下收集相关信息			
资料分析	能将信息进行梳理，合理运用在灯塔名片设计中	能将收集到的信息较好地运用在灯塔名片中	资料分析能力有待提高			
创意设计	能搜集到足够多有新意的信息。自行设计富有创意的灯塔名片，设计非常美观	能搜集到部分有新意的信息。灯塔名片设计较美观，但缺少创意性	搜集的信息缺乏新意。设计的灯塔名片缺少创意性，不够美观			
小组合作	能适应小组协作，明确并能履行分工责任。主动和同学一起制订计划，提出有价值的建议或问题	能够参与小组协作，但不够积极主动。能和同学一起制订计划	能参与小组协作，但积极性不够，不能对自己的工作内容负责			

(3)子问题 3:作为历史留给我们的一份特殊遗产，我们如何使这百年的光辉继续发光发亮呢?

①分组讨论。在前两次的研究中，学生发现:灯塔在我国有着 4000 多年的历史，经历了刻石示警、立标指浅、烽火引航、宝塔指路、成型灯塔多个阶段。其中浙东沿海灯塔逐步兴起于鸦片战争后，是海上来往船只的指明灯，用以引导船舶航行或指示危险区。通过探究发现，嵊泗县境内的百年灯塔都是外国人帮我们建造的。为什么这些灯塔都是由外国人帮我们建造的呢？教师启发学生分组讨论这个问题。

②分享感悟。每一座灯塔的背后都有一段值得我们深思的历史，每一座灯塔背后都蕴含着丰富的故事，每一座灯塔都是反映社会兴衰和历史发展的一面镜子。在讨论和分享过程中，学生能感受到唯有铭记历史、勤奋学习，才能让我们的国家变得强盛。

③学生创作。现如今有雷达、GPS 等高科技手段，灯塔的作用已经大大

降低，变得不再非有不可。许多灯塔也渐渐退出服务。在美国、加拿大等国家，一些灯塔都已转交给了地方政府，成为当地历史文化遗产或旅游景点。这个趋势在中国，在我们家乡嵊泗恐怕也是无可避免，若干年后，这些百年灯塔会是人们心中的一个文化符号、历史遗迹。那么，作为历史留给后人的一份特殊遗产，我们又该如何使这百年的光辉继续发光发亮呢？

各组根据驱动问题进行讨论，教师引导学生用美术语言留住这份特殊的遗产：学生可以用画笔画一画夜晚的灯塔，可以为家乡的灯塔设计一张旅游门票，可以用手抄报的形式表现灯塔文化，或设计一张灯塔小卡片，也可以做思维导图等，形式不限。各组商讨后选择一种表现形式留住这份特殊的遗产。

④展示评价

学生完成灯塔名片设计，展示成果，完成学习评价表。

项目二：述灯塔——“跨越百年的守望之谜”动画片

1. 设计意图

了解守塔人的故事，感受“灯塔精神”。将守塔人的故事与绘画、定格动画等艺术手法相结合，创造出具有海洋特色的动画作品，提升学生的美术素养和思想内涵，培养其团队协作精神。

2. 课时安排：2 课时

3. 活动过程

(1)子问题 1：你知道守塔人的工作有哪些吗？

①学生观看《五代守塔人故事》纪录片：在浙江宁波，有一个五代接力看守灯塔的家族，在浙东海域辗转守护过 12 座灯塔。自 1883 年起，叶来荣、叶阿岳、叶中央、叶静虎、叶超群五代灯塔工耐住寂寞，人在灯亮，铸就浙东海上交通运输发展史上的巍巍精神灯塔。通过观看视频，引导学生了解守塔人工作特点，初步感受守塔人的精神。

②教师引导学生从不同角度了解守塔人的工作情况。学生走进“航标站”、上网查找有关“守塔人”资料，并用绘画形式记录“守塔人”某一个画面。

③各小组画完后进行展示交流，最终完成自评、互评和师评。

(2)子问题2:究竟是什么让他们坚守跨越百年的守望呢?

①制订研学计划。组织开展“花鸟行”红色研学活动。出发前,以小组形式对“花鸟灯塔”进行探究,各小组制订研学计划,分工合作。

②实地走访探究。前期准备就绪后,学生走进“花鸟灯塔”陈列室,根据想要获取的信息进行小组自主探究。学生走进花鸟乡党群服务中心,参观花鸟乡的劳模墙,了解劳模们的感人事迹。教师引导学生通过采访游客或守塔人的方式进一步了解“花鸟灯塔”。通过深入探究,学生深刻感受守塔人的精神——引领、坚守、担当。

③表现灯塔之美。无数守塔人的默默坚守为航行的船只带去平安;人们还能欣赏到海上灯塔的美景,这可以吸引中外游客前来旅游。学生可以用自己喜欢的形式表现“花鸟灯塔”,还可以将自己的所思所悟用文字记录下来。

④小组学习评价。活动结束后,各组成员针对此次采访活动中的表现进行评价(表3)。

表3 采访活动记录评价表

评估点	★★★	★★	★	自评	互评	师评
参与率	自主参与且始终专注于任务和需要完成的工作	专注于任务,并能完成小组分配的任务	有时专注于任务,必须被提醒才能继续小组工作			
合作态度	能够积极主动承担采访任务,小组合作密切	能够参与小组协作,但不够积极主动,工作成效一般	不能全程参与小组协作,无法完成采访任务			
责任与能力	能够在小组合作中起到自己的作用,主动发起沟通,能组织小组成员完成任务	能够主动与小组成员们进行沟通,能有责任感地完成自己的工作	不能对自己的工作内容负责			
采访记录完整性	很清楚、完整地记录采访内容,并进行了清晰的整理	基本能根据拟订的问题进行采访并整理采访内容	采访记录表内的内容不够完整			
表格外观	自己设计表格,表格设计得很美观,整体书写很整洁	表格有一定的设计,整体不够美观,书写有点儿潦草	根据提供的表格进行采访,表格书写潦草			

(3)子问题3：如何运用艺术的手法表现守塔人的故事？

根据“如何用定格动画来表现守塔人的故事？”驱动问题进行探究。经过学生的商讨，可以根据以下几个环节进行(图2)。通过制作定格动画表现守塔人的故事，有利于加深对守塔人的印象，提升学生的思想内涵。

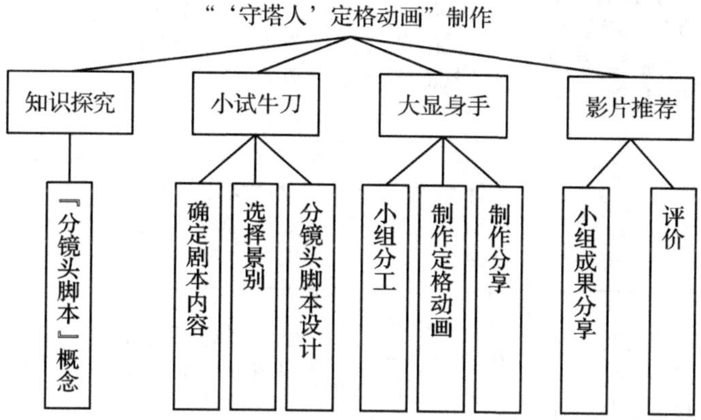

图2　“‘守塔人’定格动画”制作流程图

①知识探究。教师出示图片，学生说一说故事情节。随后，学生观看泥塑小影片《钓鱼》。播放完后，教师出示视频中的4个画面，让学生找一找小影片《钓鱼》与图片之间的关联。

教师总结“分镜头脚本”概念：分镜头脚本又称“导演剧本”，是创作影片必不可少的前期准备，通常把文字内容（剧本）转换成电影语言。一个合格的分镜脚本，要让人看后脑海里就像过了一遍电影一样。

②小试牛刀。各小组讨论并确定剧本内容。针对本组的剧本内容商讨选定景别，进行分镜头脚本设计。

③大显身手。学生观看定格动画制作微课，了解定格动画拍摄工具及操作方式，下载定格动画制作软件。小组成员分工合作完成“‘守塔人’定格动画”制作，有能力的小组尝试为定格动画配音。

学生交流制作中遇到的困难，请求老师或其他组帮忙。教师播放课件，学生寻找在拍摄定格动画时出现的问题，各组进一步完善作品。

④影片推荐。举行“影片推荐会”。在“影片推荐会”上，每组分享制作的定格动画，最终完成评价表(表4)。

表4 “定格动画”制作评价表

评估点	★★★	★★	★	自评	互评	师评
创意性	在设计中用详细的信息创造性地进行了设计，充分用到了所学知识，能够清楚阐释自己的设计理念	在设计中能够基于各种信息进行设计，有一定的创意，有自己的设计观念但是缺乏创新	在设计中有一定的创新，但是没有自己的设计理念			
美观性	设计非常美观，动画连贯，体现了个性审美观	设计较为美观，但动画连贯性还欠缺	设计没有体现审美，动画效果差，缺乏美观性			
展示分享	学生表达得一直很清晰，能够一直吸引其他学生	学生大部分时间表达得很清晰，能够吸引其他学生	学生有时表达得很清晰，可以吸引其他学生			

项目三：悟灯塔——寻找“心中最美灯塔人”塑像

1.设计意图

通过用立体造型塑造“最美灯塔人”，对学生开展生命成长教育，从而让学生理解个体与团队、国家的关系，树立正确的人生观和价值观。

2.课时安排：2课时

3.活动过程

(1)子问题1：灯塔精神在哪些人物事迹中得到了体现？

①主题阅读。在实施这个小项目前，学生阅读有关“灯塔”的书籍——《灯塔之家》这套课外书，此书阐释了爱心、正直、善良、勤劳、智慧、坚毅和胆识等品质，书中的一家人互相关心爱护，以救助别人为己任，展现给学生勇敢、友爱、善良、真诚的人性，给予学生成长中最优秀的人格指引。通过阅读这套书，学生可以体会爱的真正含义以及成长的奥秘。

②情感升华。选取若干具有灯塔精神的家乡人物事迹，如蒋纪周烈士、“感动浙江卫生十大人物”钟杏菊、“全国优秀教师”范群等，通过讲述故事、观看纪录片等方式，让学生深入了解这些人物的事迹和精神特质。引导学

生分析这些人物如何在关键时刻展现出灯塔精神,以及这种精神对学生的成长和社会的影响。再次感悟灯塔精神:引领、守望、担当。

③实践探索。组织学生进行小组讨论,探讨如何在个人生活中践行灯塔精神,如面对困难时如何保持勇敢坚定,如何为他人提供帮助等。同时,鼓励学生关注社会热点,思考如何在社会实践中发扬灯塔精神,为社会的进步贡献自己的力量。

④创作寄情。鼓励学生将了解到的人物事迹通过海报、手抄报等形式展示出来,用画笔表现自己心中"灯塔精神"的形象,并与同学们分享自己的心得体会。

(2)子问题2:你们对塑像有多少了解呢?

学生实地查看或网络查找人物塑像,也可以利用网络资源收集自己喜欢的塑像图片,从而掌握塑像的特点、分类和材质。

教师指导学生从不同渠道收集"塑像",并对人物塑像的相关知识进行讲解,为后面的创作奠定基础。

(3)子问题3:如何设计一座"最美灯塔人"的塑像?

①情感探究。要设计一座"最美灯塔人"塑像,首先要思考"灯塔精神"的含义,找一找在生活中最具有"灯塔精神"的人物。学生认真填写学习单,并与同伴分享,教师引导学生发表各自的见解。

②技能探究。学生根据前期的探究,将自己对"最美灯塔人"的理解用泥塑的形式进行表现。教师引导学生在制作过程中遇到困难时进行组内交流,培养学生互帮互助的团队意识。每组对于拍摄完成的作品,认真填写学习单中的作品说明,分享交流,完成评价。

项目四:耀灯塔——"点亮新时代的精神塔"徽章

1.设计意图

回忆对自己有帮助的引路人,为自己的引路人设计一枚特殊的徽章。学会感恩,争做"灯塔少年",为家乡的灯塔保护和传承出一份力,进一步让学生感受责任与担当的重要性。

2.课时安排:2课时

3.活动过程

(1)子问题1:灯塔精神无处不在,如果要设计一枚“点亮新时代的精神塔”徽章,你们会送给谁呢?

引导学生回忆自己在学习、生活中遇到困难时,他人给予自己帮助的画面。讲一讲如果要为自己的引路人设计一枚特殊的徽章,最想送给谁。并说说理由。学生用心完成学习单任务,并在小组内进行分享。

(2)子问题2:如果你们要设计一枚“点亮新时代的精神塔”徽章,要考虑哪些方面的要素?

学生回顾已学的徽章设计内容,通过图片欣赏掌握徽章的设计要素,如徽章的外形、中心图案、挂饰及徽章的名字,将自己的构思画在学习单中。建议学生在设计徽章草图时,中心图案要抓住特征,且具有特定的含义,让学生概括性地表达出来即可。交流探讨后,学生对自己的草图加以修改完善。

(3)子问题3:如何设计一枚“点亮新时代的精神塔”徽章呢?

①引导学生根据徽章草图,用陶泥或黏土制作徽章。学生在创作时要运用泥塑的浮雕技法,将平面的草图变成浮雕作品。学生合作修改完善草图,并根据草图用黏土或陶泥制作灯塔徽章。教师鼓励学生大胆创新,制作富有个性的作品,如“海之星”徽章等。

②在整个活动过程中,学生先自行尝试,如遇到困难,教师不要大包大揽,可以引导学生通过不同方式解决问题。

③各组交流展示(表5)并完成评价表。

表5 徽章设计及成果展示表

评估点	★★★	★★	★	自评	互评	师评
创意性	在设计中用详细的信息创造性地进行了设计,充分用到了所学知识,能够清楚阐释自己的设计理念	在设计中能够基于各种信息进行设计,有一定的创意,有自己的设计观念	在设计中有一定的创新,但是没有自己的设计理念			

续　表

评估点	★★★	★★	★	自评	互评	师评
美观性	设计非常美观,融入海洋元素,体现了个性审美观	设计较为美观,但缺少创意	设计没有体现审美观,缺乏美观性			
展示分享	学生表达得一直很清晰,能够一直吸引其他学生	学生大部分时间表达得很清晰,能够吸引其他学生	学生有时表达得很清晰,可以吸引其他学生			

(三)第三阶段:项目总结

1.设计意图

通过前面的探究学习,灯塔在学生的心中已经不仅仅作为一种重要的助航标志而存在,在某种程度上已经升华为精神层面的某种象征。作为家乡未来的主人,如何为美丽的家乡设计一座具有特殊含义的精神之塔?引导学生思考,从而让学生感受责任与担当。前期已积累了较多的学习成果,为了让更多学生有展示机会,应该把课堂变成舞台,教师引导学生将成果分类,指导各组进行多样化的成果展示。

2.课时安排:2课时

3.活动过程

(1)学做“灯塔少年”。依据“如何争当新时代的‘灯塔少年’?”这一问题,学生谈谈心目中的“灯塔少年”标准。

(2)铭记“灯塔精神”。作为家乡未来的主人,如何为美丽的家乡设计一座具有特殊含义的精神之塔?根据任务驱动,学生运用画笔描绘心中那座精神之塔,可以将家乡元素、科技元素、文化理念融入其中。

(3)展示项目成果。学生对每个阶段的成果进行收集整理,并在全校进行展示。学生和老师可以布置“灯塔”文化长廊。如在“灯塔”阅读角摆放主题书籍供学生阅读;在“灯塔号列车”展区,学生将创作的百年灯塔文创作品进行展示;举办陶艺“灯塔”秀向大家展示学校的陶艺特色。通过“灯塔”文化长廊的打造,在学生成长中给予其优秀的人格指引,也让学生在学习美术技能的同时学会做人。

(4)注重评价总结

分享收获:教师引导学生记录本次项目式学习的收获或感悟,组内进行交流。各组派学生代表上台分享。

总结反思:及时对每个小项目进行整理与汇总,引导学生回顾自己在这次项目式学习中表现出的优点及不足。

学习评价:采取师评、互评、自评相结合的方式对学生进行评价。根据学生参与整个项目的表现进行"四个学会"整体评价,最终评选出最佳小组和个人(表 6)。

表 6　学会合作——"小组团结协作"评价表

评估点	★★★	★★	★	自评	互评	师评
参与率	自主参与且始终专注于任务和需要完成的工作	专注于任务,并能完成小组分配的任务	有时专注于任务,必须被提醒才能继续小组工作			
换位思考	考虑他人合理的感受和想法,并调整自己的言行	能听别人说,会考虑他人对任务的感受和想法	按自己的想法行事,不怎么顾及他人			
倾听与讨论	在小组工作中谦恭地听取他人意见,对他人的工作有贡献,与他人相互协作且对小组工作提供积极的帮助	在小组工作中谦恭地听取他人意见,对他人的工作有贡献且与他人相互协作	在听取他人的意见和参与工作方面比较消极			
研究与信息共享	经常收集和研究信息并与小组成员分享	通常能给出有用的意见,完成所需信息的搜集	很少为其他小组提供资料,不能持续对小组任务做出贡献			

五、项目成效

"遥望灯塔"项目式学习是基于"百年灯塔承载着怎样的精神"这一跨学科主题,并融合海洋美育教育而开展的项目式学习活动。通过本项目的学习,学生对灯塔的认知得到了质的飞跃。从最初的感性认识到后来的理性分析，学生深入探讨了灯塔的历史背景、文化内涵及其所承载的精神价值。同时，通过分项目的研究，学生还拓宽了视野，接触到了与灯塔相关的多领域知识，从而构建起了关于灯塔全面而系统的知识体系。本项目以问题为导向，鼓励学生进行自主探究和深入思考。在每个分项目中，学生都需要自主提出问题、分析问题并寻找解决方案。这种学习方式不仅锻炼了学生的逻辑思维能力，还培养了其批判性思维和创新能力。学生学会如何运用所学知识解决实际问题，提升了高阶思维能力。

学生通过参观考察、设计制作、分析探究、展示交流等环节，并结合项目式学习任务单，真正成为项目式学习的主体，学生的学习不再是简单的走马观花式的学习。学生感受灯塔文化，挖掘灯塔精神内涵，增进对灯塔的理解和热爱，厚植了浓烈的家国情怀。与此同时，通过项目式学习与美育教育活动，提高了学生审美创意、社会交往、收集处理信息和综合分析问题的能力，全面提升了学生综合素养。在此次的项目式学习中，学生生成智慧，陶冶情操，有效分享，实现了校内课程与校外大课堂的有机融合。此次的项目式学习，无论是对教师还是对学生来说，都是一节有益于成长的课程。

第四节　“我为家乡贻贝打‘call’”项目式学习设计案例

“蓝碳”拯救地球？“蓝碳”是利用海洋活动及海洋生物吸收大气中的二氧化碳，并将其固定、储存在海洋中的过程、活动和机制。在这场应对气候变暖的挑战中，海洋的实力被大大低估了。多方研究表明贻贝养殖固碳能力强，1 千克贻贝能固定约 0.3 千克二氧化碳。

嵊泗列岛作为贻贝的重要产地，早在 2010 年其贻贝养殖面积就达 24165 亩。截至 2021 年，养殖面积已扩展到 3 万亩，贻贝年产量达 21 万吨。“嵊泗贻贝”不仅成为享誉中外的地理标志产品，更成就了嵊泗特色产业的“金名片”，现如今更是实现经济发展与生态保护和谐共赢的重要标志。

一、项目背景

(一)项目缘起

嵊泗贻贝养殖始于1973年,如今贻贝养殖已成为嵊泗水产养殖的支柱产业。贻贝不仅是当地居民餐桌上必不可少的佳肴,也是当地居民谋生的重要资源。近年,随着"蓝碳"概念的提出,贻贝作为名副其实的"固碳高手",更是成为了保护海洋生态、实现碳中和路径的重要一环。因此,无论是为了了解贻贝,还是为了了解父辈的生活工作环境以便将来经营或开发贻贝产业,抑或是为了担负起保护海洋生态的重任,都需要当地孩子深入了解并思考贻贝产业的方方面面,"嵊泗贻贝"地理标志的影响力需要进一步扩大,提高品牌价值。基于此,"我为家乡贻贝打'call'"应运而生。

(二)课程价值

"我为家乡贻贝打'call'"项目以新课标理念为指引,关联综合实践、信息技术等内容。项目以"如何用美术活动开展宣传"为核心大概念,以"如何为家乡贻贝打'call'?"为真实情境。通过"概念"骨架支撑,"情境"血肉包裹,以学科协同,综合运用各种知识与能力,开展了解家乡贻贝、制作卡通人物"贝宝"、拍摄剪辑宣传短片等序列化的情境任务活动,使学生在真实认知情境中,突破课内外空间界限,融合各学科内容,经历知识再经历、再改造,塑造高阶学习的新样态。

在"我为家乡贻贝打'call'"项目任务中,聚焦学生的体验与表达,让学生在沉浸、融合的学习样态中形成关注海洋、亲近海洋的情感态度与行为习惯,增强学生对本土文化的认同感,传承具有本土特质的海洋文化与精神。同时,学生以自身力量宣传家乡贻贝,担当起作为海岛少年的社会责任,激活生命的潜能、意义,建立起责任与担当意识。

二、项目框架

"我为家乡贻贝打'call'"项目的实施分为项目启动、项目过程、项目总结三阶段。在项目启动阶段,通过贻贝养殖业的可持续发展大概念引领,介绍嵊泗贻贝发展现状,构建为家乡贻贝打"call"的大任务。而后,以大任务引领架构"小小编剧家""小小道具师""贝宝开拍啦"三个子项目。围绕三个结构化、序列化的项目任务完成"我为家乡贻贝打'call'首映"项目成果输出。

本项目建议用11个课时展开活动,适用于小学四至六年级,融合美术、综合实践、信息技术、语文等学科。项目框架如图1所示。

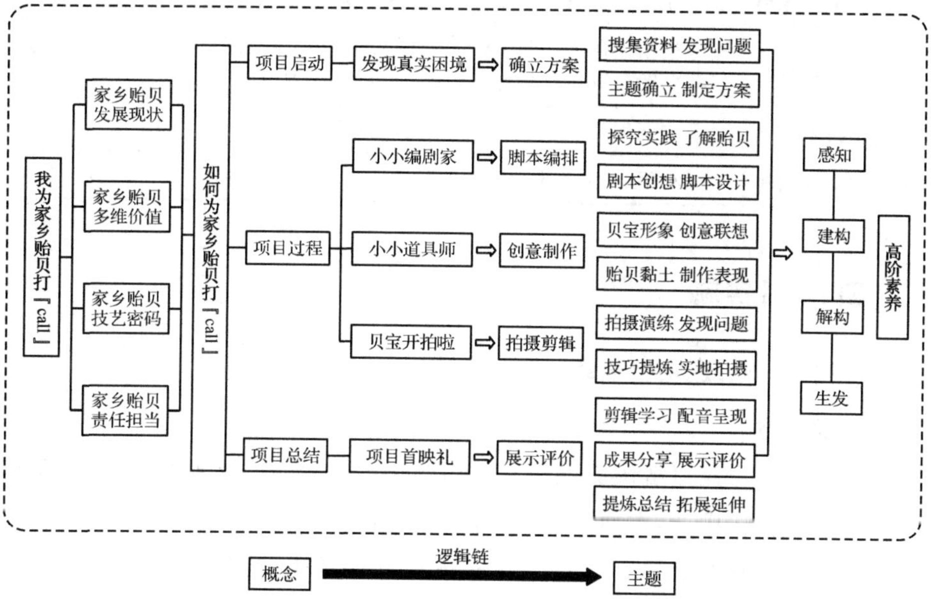

图1　"我为家乡贻贝打'call'"项目结构图

三、项目素养

具备核心素养意味着学生能够在知识世界和真实世界之间进行灵活的迁移。为此,素养内包含能够引发持久迁移的概念,这些概念对学生的发展具有重要而持久的价值。本项目围绕"如何为家乡贻贝打'call'"内核问题,让学生了解电影艺术这一形象思维,在项目探究中,学生经过自主规划和自主学习逐步提升沟通能力、掌握信息技术,形成对贻贝价值的跨文化理解,最终建构起积极的内在学习动机、高级的社会情感、积极的态度,将主动学习的内容转变为成长养分,真正将知识转化为素养(表1)。

表1 核心技能及其具体指向表

核心技能	具体指向
形象思维	了解电影这一综合艺术，了解拍摄过程、形式、特点，掌握分镜头脚本的基本技法，尝试拍摄一部小电影
创造性与问题情境	运用项目式学习的方法解决“如何为家乡贻贝打‘call’”等系列问题
跨文化理解	在学习与创作过程中，认同家乡贻贝文化价值
沟通能力	根据创作的心得，分享对贻贝的认识，能应用所学知识切实为家乡贻贝宣传作贡献，增强“小海娃、大力量”的小主人翁意识
信息技术的掌握	查阅网络资料、学会视频编辑技术
自主规划和自主学习	小组自主学习、制定方案、探究安排的合理性

四、项目实施

(一)第一阶段:项目启动

1.设计意图

项目式学习是以解决真实问题为目的的学习方式，这就突出问题情境创设的重要性。因此，在项目启动阶段，以嵊泗县枸杞乡凭借贻贝产业获得首批国家农业产业强镇称号这一真实情境调动学生的兴趣，唤起学生对贻贝的已有认知。并从中分析发现问题，确立活动主题。围绕“我为家乡贻贝打‘call’”生成研究子项目，制定项目方案，完成脚本编排、创意制作、拍摄剪辑、展示评价任务序列。学生在此过程中不断联系以往知识、生成新知，也使海洋美育项目化课程的教学焕发新的生机。

2.课时安排:2课时

3.活动过程

(1)搜集资料、发现问题

真实情境:在农业农村部办公厅、财政部办公厅联合公布的首批国家农业产业强镇名单中，嵊泗县枸杞乡凭借贻贝产业光荣上榜！而嵊泗贻贝所获荣誉可不止这一个。根据浙江省市场监督管理局公布的第一批浙江省知识产权奖获奖名单，嵊泗贻贝荣获地理标志三等奖！“国宴贻贝”还变身“蓝碳新宠”，而且舟山嵊泗完成首笔贻贝养殖碳汇交易意向签约。没想到家乡贻贝还有这么多不为人知的一面。

驱动问题：那么，作为家乡的小海娃，如何把这“全能贝”推介给更多的人，为家乡贻贝打“call”，更好地宣传家乡贻贝呢？

学生活动：学生自由畅谈，教师出示调查表，请学生调查现有宣传方式的优缺点，最终确定本次活动主题，以拍摄短片的形式来宣传贻贝。

指导要点：教师要引导学生自我探究，通过对宣传方式的调查分析，自主得出研究主题。

(2)主题确定

问题提出：围绕如何拍摄贻贝特色宣传片，学生进行头脑风暴。

筛选问题：①去除重复的(选题原则：不重复)。

②去除一下子能解决的(选题原则：有价值)。

③去除现在难以实现的(选题原则：可操作性强)。

确立子项目：①贻贝的认识。

②短片拍摄方法的调查研究。

③视频剪辑的方法……

指导要点：教师要引导学生对相似问题进行整合归纳。提出的问题要有价值、有意义。

(3)制定方案

学生活动：①学生根据自身兴趣与特长组建项目小组，选出组长，取好组名，初步讨论人员的分工、项目活动的形式。

②小组绘制思维导图，进行项目方案论证，其他小组给予建议，教师总结。

③学生进一步完善项目方案，明确活动进程与时间节点、提交材料要求，最终确立项目方案(表2)。

指导要点：引导学生明确不能简单地进行模仿拍摄工作，在方案设计时就应始终围绕初衷——如何通过宣传片拍摄来增加他人对贻贝的了解，扩大学校作为贻贝特色学校的影响力，真正实现此次宣传片拍摄的功能与价值。

表 2　我为家乡贻贝打"call"项目方案设计表

<table>
<tr><td colspan="5">方案设计表</td></tr>
<tr><td>主题名称</td><td colspan="4"></td></tr>
<tr><td>项目团队</td><td colspan="2"></td><td>组长</td><td></td></tr>
<tr><td colspan="5">团队成员：</td></tr>
<tr><td>主要任务</td><td>负责人</td><td>时间</td><td>所需工具</td><td>其他</td></tr>
<tr><td></td><td></td><td></td><td></td><td></td></tr>
<tr><td></td><td></td><td></td><td></td><td></td></tr>
<tr><td></td><td></td><td></td><td></td><td></td></tr>
<tr><td></td><td></td><td></td><td></td><td></td></tr>
<tr><td colspan="5">预期成果：</td></tr>
</table>

(4)评价活动

项目小组根据本阶段表现完成自评与互评(表 3)。

表 3　我为家乡贻贝打"call"项目启动评价表

<table>
<tr><td colspan="3">项目启动评价表</td></tr>
<tr><td>项目小组</td><td colspan="2"></td></tr>
<tr><td>评价内容</td><td>自评</td><td>互评</td></tr>
<tr><td>项目目标明确</td><td>☆☆☆</td><td>☆☆☆</td></tr>
<tr><td>方案制定合理</td><td>☆☆☆</td><td>☆☆☆</td></tr>
<tr><td>组内分工合理</td><td>☆☆☆</td><td>☆☆☆</td></tr>
</table>

(二)第二阶段:项目过程

1. 设计意图

在项目启动阶段,围绕驱动问题确立项目方案。在项目过程阶段,设计围绕"如何拍摄影片,为家乡贻贝打'call'"这一主题的真实学习情境,以学科大概念“如何用美术活动开展宣传”深化理解，按学科学习的逻辑推进，在各环节设计了性质不同的大任务，组成大单元教学。通过融合美术、综合实践、语文、信息技术等，建构了小小编剧家、小小道具师、贝宝开拍啦三个项目，让学生在探究实践中完成脚本编排、创意制作、影片拍摄等核心任务。这三个核心任务，代表了项目式学习中关键的问题解决阶段，需要学生不断地围绕当前的问题解决活动获取有关的信息，同时又要不断结合原有的知识经验，来对当前问题做出分析和推论、综合和概括，新、旧经验的合理性又在问题解决中得到了检验。

2. 课时安排：小小编剧家（3 课时）、小小道具师（1 课时）、贝宝开拍啦（3 课时）

3. 活动过程

任务一：小小编剧家（3 课时）

（1）探究实践、了解贻贝

学生活动：项目小组通过上网查询，进行人物采访，实地参观海上牧场、贻贝展览馆等形式了解贻贝的特点、生长环境、生态价值、经济价值等。

①资料收集组：获取贻贝的基本知识、生态价值、养殖过程、相关活动等信息。

②实地考察组：获取贻贝的养殖环境、加工过程等信息。

③拍摄摄像组：对贻贝生长环境、小组活动进程等进行照片影像记录。

④资料整理组：对调查结果进行梳理总结，完成阶段调查报告。

指导要点：在实践过程中，教师应引导学生有目的地收集材料，在活动中运用调查、访问等方法。同时鼓励学生开展多线任务，避免浪费人工，高效率完成任务。另外，此部分内容也可根据学校实际开展，如没有实际资源，可通过上网查询、书籍翻阅、远程连线等途径展开。

（2）剧本创想

情境：教师播放优秀宣传片，并介绍宣传片是专门用于宣传和推广活动、产品的短片或视频，是一种广告宣传手段，通过图像、声音、文字等多种元素，向观众传递特定的信息和目标，以吸引人的视觉效果和感染力，促使观众对宣传对象产生兴趣。

学生活动：项目小组学习观看优秀宣传片后，结合调查结果对贻贝剧本进行初步创想，交流确定基本剧情框架——由主人公贝宝来介绍贻贝的基本信息、生长环境及相关活动等。

指导要点：在宣传剧本设计时，教师要引导学生切勿天马行空，要考虑实际拍摄的可能性。

情境：教师介绍分镜头脚本，引导学生探究分镜头脚本和平时绘画的区别。教师出示他人优秀分镜头脚本设计并进行讲解，加深学生对分镜头脚本的理解。

教师总结：分镜头脚本设计是影片创作时必不可少的前期准备，又称"导演剧本"，是将影片内容分切成一系列可摄制的镜头的剧本，从而用镜头画面讲述一个逻辑性很强的故事，分镜头脚本是现场拍摄的依据。它主要包括以下几个部分：

①视频画面：就是想要拍摄视频的场面，包括人物动作等，对每一个想拍摄的画面都要尽可能详细地描述出来，最好脑海里有画面感。

②景别：常见的景别有远景、全景、中景、近景、特写 5 种，景别可交替使用，远景交代环境，近景交代人物。

③时长：把握好想拍摄的各镜头时长。

④视频文案：画外音内容需要录音。除了画外音字幕以外，视频文案还包括画面注释，它能够让画面更加有层次、更加丰富。

学生活动：小组根据分镜头脚本案例探究不同场景的景别应用。

教师总结：重点讲解分镜头脚本中如何应用各种景别。

(3)脚本设计

学生活动：学生完成"我为家乡贻贝打'call'"分镜头脚本设计(表 4)。

指导要点：分镜头脚本是后期拍摄的重要依据。因此，教师应引导学生切实做好分镜头脚本设计，而不是流于形式。教师可以通过对优秀分镜头脚本设计的赏析讲解，使学生更加直观、生动地掌握分镜头脚本的表现形式。对于分镜头脚本设计，可以用文字、绘画的方式表述，也可两者结合。对于不太擅长绘画的项目小组，教师应予以鼓励，让他们认识到绘画水平的高低并不是评判的标准，只要能表达自己的想法，呈现画面的逻辑性，就是一份优秀的分镜头脚本，从而避免学生产生畏缩、胆怯心理。

表 4　小小编剧家分镜头脚本设计表

分镜头脚本设计	
项目小组	
主题名称	

(4)评价活动

项目小组之间根据分镜头设计的要点完成自评、互评、师评(表 5)。

表 5　小小编剧家分镜头设计评价表

分镜头设计评价表			
项目小组			
评价内容	自评	互评	师评
脚本故事内容合理，能起到较好宣传作用	☆☆☆	☆☆☆	☆☆☆
分镜头布局合理，镜头连接具有逻辑性	☆☆☆	☆☆☆	☆☆☆
景别选择合理，画面衔接流畅	☆☆☆	☆☆☆	☆☆☆

任务二：小小道具师(1 课时)

(1)贝宝形象、创意联想

学生活动：学生根据分镜头脚本设计、制作拍摄所需道具，重点对主人公贝宝如何制作展开联想，教师指导学生联系已有知识，引出贝宝添加五官与四肢的方法。

情境：教师出示其他卡通形象，引导学生探究其生动的原因，引出添加饰品等方法。

学生活动：学生通过小组讨论确定贝宝形象，绘制草图，为小组的贝宝形象取名。

指导要点：为了降低难度，构建从平面到立体的创作过程。在设计贝宝卡通形象草图阶段，学生会调用浙美版美术教材二年级上册《动漫宝宝》一课，已通过该课掌握制作技能。因此，教师在该环节中只需唤起学生已有经验，并强调该经验与生活的链接即可。引导学生在设计中重点思考如何将贝宝与具有海岛特色的物品相联系，使生活经验和艺术经验相结合，激发学生的艺术想象力和创造能力。

教师活动：教师根据学生草图进行适当点评，指导学生进一步改进完善。

(2)贝宝黏土卡通形象制作表现

教师活动：引导学生探究泥塑的基本技法，教师适时总结贝宝黏土卡通形象制作的步骤和技巧，如怎样使用模型刀进行修饰等。

学生活动：①学生根据草图利用贻贝壳与黏土制作贝宝形象，教师提供必要的指导和帮助，鼓励学生进行合作与交流，分享制作经验和创意。

②完成后进行分享展示，评选出贝宝最佳形象设计奖。可重点关注卡通形象贝宝的造型创意表现。

指导要点：高段的学生在小学前期阶段已经学过卡通人物的设计，有一定的黏土技法基础。因此，教师在这个过程中，不需要过多讲解，只需启发学生回忆知识要点。可以以小组为单位合作制作，也可以单人制作。

(3)评价活动

项目小组之间根据分镜头设计的要点完成自评、互评、师评(表6)。

表6　小小道具师道具制作评价表

道具制作评价表			
项目小组		姓名	
评价内容	自评	互评	师评
能运用夸张、拟人、添加等设计方法设计贝宝形象	☆☆☆	☆☆☆	☆☆☆
贝宝黏土卡通形象制作过程中耐心细致，色彩搭配合理	☆☆☆	☆☆☆	☆☆☆

任务三：贝宝开拍啦(3课时)

(1)拍摄演练、发现问题

学生活动：项目小组互动交流关于手机拍摄的经验或疑问，学生交流总结。

学生活动：进行拍摄练习，对拍摄存在的困难进行及时记录，借助网络查询等方式找寻解决方法。

画面晃动：借助工具固定拍摄工具、手不能晃动。

画面杂乱：注意构图、学会选取拍摄角度。

主体不突出：使用放大特写。

学生活动：巩固练习如何拍摄远景、中景、近景等。

指导要点：前期的拍摄交流有利于学生更为有效地进行拍摄练习，在交流、总结的过程中也实现了信息的共享。拍摄练习阶段也是学生自主发现问题、解决问题的过程。同时，教师也可初步了解学生的摄影水平，以便在实践拍摄时有针对性地进行指导。

(2)技巧提炼、实地拍摄

学生活动：小组人员明确任务分工（导演、摄像、道具、配音），根据分镜头脚本进入海上牧场完成实景拍摄。

指导要点：实景拍摄时，教师要引导学生提前做好拍摄规划、场地联系等准备工作。拍摄时要依据分镜头脚本进行拍摄。拍摄过程中，教师要有针对性地给予适当指导。拍摄结束后可组建微信群，将相关素材传到群中，实现资源共享，同时也为学生搭建了交流、展示平台。

学生活动：观看定格动画作品，探究如何完成制作。教师介绍定格动画，学生观看定格动画 Imgplay 微课后尝试拍摄，发现问题时及时改进，完成卡通形象“贝宝”介绍部分的拍摄。

拍摄时手机不能晃动或移动。

拍摄对象动作幅度要小，动作顺序图越多，动态上越流畅。

指导要点：教师要时刻提醒学生，镜头位置要绝对固定，哪怕一点儿的位置偏差都会造成影像的抖动。拍摄时如因按快门造成拍摄工具抖动，影响画面，可采用遥控快门或延迟拍摄的方法减少抖动。

(3)剪辑学习、配音呈现

学生活动：学生打开 Camtasi 软件，打开任意视频，根据界面自主操作。而后提出操作问题，比如如何剪辑？怎么配音？如何保存设置？

学生活动：扫描二维码(图 2)观看软件使用微课学习。再次尝试使用软件剪辑制作视频，如再次发现问题及时记录，利用上网查询、请教老师等方法进行解决。

指导要点：在操作时先让学生通过自我探究发现问题，再进行软件操作解答、指导，调动学生探究欲的同时增强学生技术操作迁移能力，实时跟进对学生的技术指导。

Imgplay微课　Camtasia微课

图 2　Imgplay、Camtasia 教学微课

(4)评价活动

项目小组之间根据分镜头设计的要点完成自评、互评、师评(表 7)。

表 7　贝宝视频拍摄制作评价表

项目小组				
评价内容		自评	互评	师评
创意性	内容表达方式新颖、构思巧妙	☆☆☆	☆☆☆	☆☆☆
	画面声音搭配恰当、有剧情设计	☆☆☆	☆☆☆	☆☆☆
技术性	画质音质好，字幕清晰，场景切换流畅	☆☆☆	☆☆☆	☆☆☆
	剪辑内容合理，能够表现宣传主题	☆☆☆	☆☆☆	☆☆☆

(三)第三阶段：项目总结

1. 设计意图

本阶段既是教师对本次项目的全方位总结，也是学生个人及小组团队的一次重要梳理总结，目的是希望在下次项目式学习中能够做到更好，教师和学生一起参与并进行评价，也体现教学评一体化的评价导向功能。另外，学生通过短片展示，分享作品背后的故事，交流制作过程中遇见的难题和解决问题的方式，完成活动评价的同时，探讨出今后影片播放宣传场合或途径。这种经历自主发现问题、探索问题、解决问题的过程，不仅能引导学生深入了解家乡贻贝,更能促使其进一步思考“我能为家乡贻贝宣传做些什么”,建立学生的责任感。

2. 课时安排:2 课时

3. 活动过程

(1)成果分享、展示评价

情境:什么样的首映礼能够吸引观众?学生讨论(主题海报、邀请函、布局……)并得出结果。

学生活动:以小组为单位进行分工合作。

主题海报组:主题鲜明、富有创意。

邀请函组:确定邀请对象时可采用手绘或电子邀请函的形式。

现场布局组:绘制平面布局图,布局包括首映区、观众区、互动区。

后勤组:准备好互动区的贻贝体验活动或贻贝创意伴手礼,布置好项目活动的过程性材料展示区。

引导组:撰写引导词或讲解稿,进行现场互动介绍。

学生活动:参与“家乡贻贝我代言”首映礼,进行项目小组汇报、分享活动过程以及展示成果。

指导要点:请学生谈谈较欣赏哪一组的影片,简短陈述理由;引导学生说说在项目活动中的收获与感悟。

(2)提炼总结、拓展延伸

学生活动:从团队实践、个人实践等维度对作品进行评价。学生也可以对项目活动自身存在的优势与不足进行讨论式评价。

指导要点:评价应该从多方面、多维度进行,应更多地关注学生活动过程中解决问题能力、团队合作能力等方面的成长,而不是只关注作品质量。

学生活动:引导学生从活动举办场合与途径等角度思考如何实现影片宣传效果最大化,进行项目拓展,形成新项目。

指导要点:活动的结束不意味着项目的停止,教师可针对该项目引导学生适当拓展、反思,培养学生的思辨能力,引导学生发现新问题,形成新项目。

(3)评价活动

学生围绕个人与团队针对项目整体表现进行评价(表 8、表 9)。

表8　我为家乡贻贝打"call"项目团队合作评价表

项目小组团队评价表			
项目小组		自评	师评
项目规划	目标明确,分工合理	☆☆☆	☆☆☆
	时间规划合理,项目进度记录翔实	☆☆☆	☆☆☆
协作交流	能够与其他小组进行交流,并扬长避短	☆☆☆	☆☆☆
	组员之间能够相互帮助,相互协调	☆☆☆	☆☆☆
问题解决	组员之间能够齐心协力共同探究解决问题的方法	☆☆☆	☆☆☆
	合理利用多样手段解决问题	☆☆☆	☆☆☆

表9　我为家乡贻贝打"call"项目个人评价表

项目小组个人评价表			
项目小组			
姓名		自评	师评
知能掌握	掌握分镜头脚本、动漫形象设计、拍摄剪辑等基础知识	☆☆☆	☆☆☆
	时间规划合理,项目进度记录翔实	☆☆☆	☆☆☆
信息处理	能够有效地筛选有用的信息	☆☆☆	☆☆☆
	能够按时提供小组学习所需要的信息资源	☆☆☆	☆☆☆
问题解决	能够选择恰当的方法和工具解决问题	☆☆☆	☆☆☆
	遇到无法解决的问题能及时与小组成员沟通讨论	☆☆☆	☆☆☆
协作参与	能够虚心接受小组成员的建议	☆☆☆	☆☆☆
	能够积极参与合作学习	☆☆☆	☆☆☆
创新能力	对项目主题有新颖的想法	☆☆☆	☆☆☆
	对项目作品有独特的构思	☆☆☆	☆☆☆

五、项目成效

"我为家乡贻贝打'call'"项目改变了以往的只训练美术技能的教学模

式,围绕贻贝之乡的真实情境,在五育融合理念下,把美术与语文、信息技术等学科进行关联,形成合理的结构,塑造学生高阶学习的新样态。在整个为家乡贻贝打“call”的任务框架下,搭建了小小编剧家、小小道具师、贝宝开拍啦三个核心任务,通过任务的逐层递进,使得学生在为家乡贻贝拍摄短片的探究实践中走向对家乡贻贝文化的持续理解,实现深度学习。因此,跨学科项目式学习不采用一课一授模式,而是围绕驱动问题所呈现的学习逻辑,通过任务的关联进阶建构单元框架,使学生在逐层递进的任务完成中最终实现为家乡贻贝打“call”的项目总任务,从而形成环环相扣式的学习进阶过程。跨学科项目式学习不是简单的学习拼盘,而是围绕真实的复杂问题,创造性地融合学科间的核心知识和能力,最终形成整合性的项目成果和新理解。

美术可以创造美,也可以解决真实情境中的问题。本项目基于海岛学生的生活与认知,让学生在为家乡贻贝打“call”的情境探究中,建立起了以自身力量宣传家乡贻贝的意识,担当起作为海岛少年的社会责任,更让学生从小小的贻贝中,窥见人与自然的和谐共生。

第五章　跨学科主题：资源管理与可持续利用

本章案例围绕联合国可持续发展目标 12——负责任消费和生产来展开。

该目标的核心是推动全球经济向可持续消费和生产模式转型。这涉及从源头上减少资源浪费、提高资源使用效率，包括但不限于原材料提取、产品设计、生产过程、市场流通及废弃处理等全生命周期的环节。具体措施包括推广循环经济和绿色技术、减少废弃物产生、改进化学品和废物管理、确保企业采用可持续采购政策，并鼓励消费者选择环保产品和服务。目标是到 2030 年实现自然资源的可持续管理和高效利用。

资源管理与可持续利用不仅关乎当前的生活质量，更是决定未来世代福祉的关键课题。“渔剪灯韵”教学生巧妙利用渔业废弃物，“船承梦想”带领学生领悟如何利用有限资源扬帆起航，“乡里鲞情”揭示传统行业如何与时俱进实现绿色转型。这一章中，师生携手揭开资源永续的秘密。

第一节　“渔剪灯韵”项目式学习设计案例

“要坚定文化自信、担当使命、奋发有为，共同努力创造属于我们这个时代的新文化，建设中华民族现代文明。”在文化传承发展座谈会上，习近平总书记这样强调。

国家之魂，文以化之，文以铸之。作为中华文化重要组成部分，我国丰富多彩的非物质文化遗产世代传承,不断创新,凝聚着中华儿女的民族情感,表达了中国人民的文化认同,是文化自信的生动见证,也是文化自强的当代实践。

马灯戏作为民间流传已久的游艺传统活动,在浙江已有悠久的历史。它是我国传统戏曲的雏形,是几百年来马灯艺人集体智慧和汗水的结晶。随着时代的发展,当现代文化和传统文明相互碰撞时,马灯艺术无疑面临着生存的考验。2009 年,马灯戏被列入第三批浙江省非物质文化遗产名录,其传承和发展得到了更多关注。然而,这并没有完全解决马灯戏在发展中所遇到的问题。

一、项目背景

(一)项目缘起

学校课程是一所学校的精神名片,也是学校师生特有的精神气质与精神内涵的集中体现。作为一所地处全国最大渔场、浙江省最东边的海岛小学——嵊山镇小学,使“百年渔场”的海洋文化得以传承是其重要使命,而海洋剪纸作为海岛“非遗”项目,无疑是传承海洋文化最具特色的一种载体和方式。

为了赋予海洋剪纸新的学习生命力、生长力,学校采用项目化的形式开展“海艺剪影”海洋美术课程。“渔剪灯韵”就是其中一项内容,本项目以“如何传承马灯文化”为核心问题,引导学生探索“走马灯”的奇异与神秘。学生通过调查了解马灯的历史文化,研究马灯制作的过程以及灯上的纹样,结合本校特色将马灯与海洋剪纸相融合,制作出具有海洋特色的剪纸马灯,最后通过走马灯表演,让海岛“非遗”项目薪火相传,从而形成良好的美术技能、正确的审美判断、独特的创意表现能力和一定的文化理解和认同,最终成为一个有家国情怀的人。

(二)课程价值

“渔剪灯韵”课程是继承与发扬传统文化的优秀载体,更是对学生进行美育教学的良好途径。学生通过调查了解马灯的历史文化,欣赏音乐《马灯调》和各式各样的马灯,研究马灯的制作过程以及灯上的纹样,结合本校海洋剪纸特色，将马灯与海洋剪纸相融合，设计出具有海洋特色的剪纸马灯，最后通过走马灯表演以及制作传承马灯文化的视频和海报等形式，获得美的感受，汲取精神力量。这对促进学生人生观、价值观的构建具有积极的作用。整个学习过程陪伴着学生的成长，丰富着学生的学校生活，有利于发扬积极向上的精神力量，在不知不觉中帮助学生构建了探究、合作、勇敢等良好的品质。

通过本项目式学习，学生在真实意境中进行问题的探讨和交流，让思维始终处在问题解决的情境中。同时，教师对于项目式学习的认识和理解也达到了一个新的高度，使项目式学习的思维方式在头脑中得以成长。

二、项目框架

本项目式学习按照理性认知、沉浸式体验和外部展示的逻辑将“渔剪灯韵”项目分为三个部分，分别为马灯知多少、马灯我创造、马灯我传承。每一个活动都以问题为导向，引导学生“入乎其内，出乎其外”，让学生在真实的问题情境中，通过多学科间融合，实现“真实的学习”(图 1)。

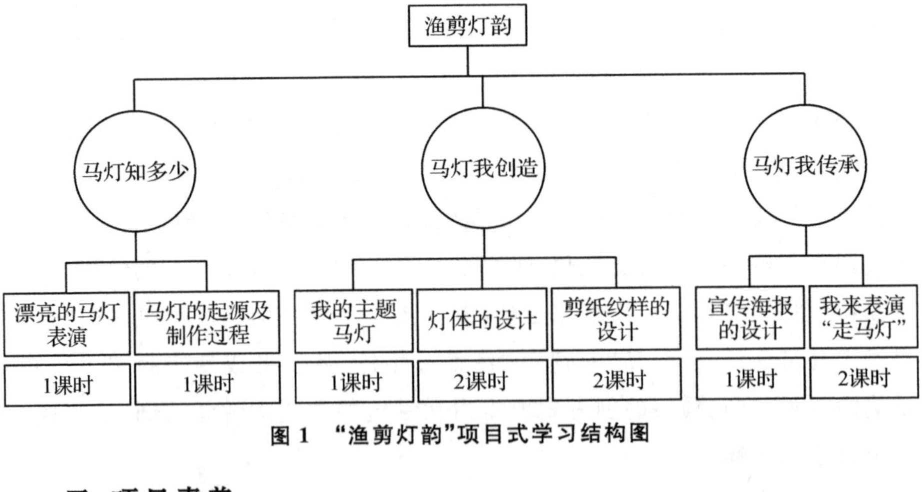

图 1 “渔剪灯韵”项目式学习结构图

三、项目素养

在整个项目式学习过程中，学生通过主题研讨、主题制作和主题分享，进一步提升小组协作能力和群组研究探讨问题的能力。学生在思中做，在做中悟，思维能力、动手能力、审美能力、创新能力得到了全方位的发展(表 1)。

表1　学生核心技能及其具体指向

核心技能	具体指向
形象思维	了解马灯的不同外形构造以及海洋剪纸的不同造型
创造性与问题情境	通过主题研讨、主题制作和主题分享,提升协作能力和群组研究和探讨问题的能力。运用项目式学习的方法解决如何传承马灯文化以及如何将特色海洋剪纸与马灯相融合等系列问题
跨文化理解	在学习与创作过程中,理解马灯文化
沟通能力	在整个项目式学习实施的过程中,学生通过小组合作、同伴互助等方式进行探究交流,最后通过表演、宣传的方式来传承马灯文化,有效地提高了学生的沟通能力
信息技术的掌握	查阅网络资料、学会制作宣传海报、能够用照片记录全过程
自主规划和自主学习	小组自主学习、制定方案、探究安排的合理性

四、项目实施

(一)第一阶段:项目启动

1.设计意图

学生以小组为单位自主查阅资料并制作PPT。通过自主探究,学生了解了马灯的历史文化,感受到了传统文化之美,同时也激发了探索知识的求知欲,培养了自主学习的能力和学习兴趣,增强了交流沟通能力。从欣赏马灯表演到了解马灯起源及制作过程,以及小组最终将相关探究成果进行展示,这些对于学生分析理解资料、掌握关于马灯的基本知识、提高语言表达能力都很有帮助。

2.课时安排:2课时。

3.活动过程

(1)创设情境

每年九月开学季学校都会有展示“走马灯”的特色表演活动,今年学校取消了这个活动。原来是文化传承人陈老师离开了嵊山,没有人教同学们走马灯了,所以取消了表演活动。引导学生思考:难道马灯表演真的不能再进行了吗?

(2)提出问题

如何通过自己的力量传承马灯文化？以班级为单位讨论可以通过哪些方法来传承马灯文化。

(3)明确问题

学生通过多次的资料查询和研究探讨，确定了从了解马灯、制作马灯、表演马灯三方面对马灯文化进行传承和发扬。据此，各小组学生从这三个方面做了资料的收集与访问，完成任务单(表2)。

表2 "马灯知多少"小组合作任务单

任务类别	具体内容	探究结果
了解马灯	什么是马灯	
	马灯的起源	
	马灯的用途	
制作马灯	马灯的造型特点	
	马灯的色彩特点	
	马灯的制作材料	
	传统马灯的制作方法	
表演马灯	渔村马灯风俗	
	马灯表演艺术表现	
	马灯文化现状	

与此同时，学生还欣赏了我国不同地域的马灯，完善和丰富了对马灯的认识。各小组将自己的研究成果制作成PPT后进行展示交流。

(二)第二阶段：项目过程

1.设计意图

本项目的第二个环节"马灯我创造"可以让学生收集制作需要的相关素材与材料，对马灯的主题进行设计并且制作出具有海洋特色的剪纸马灯。不同年级、不同性别的学生根据自己小组的喜好选择不同的样式，进而提升参与度，提高活动的效果。

2.课时安排：5课时

3. 活动过程

(1)成立项目小组

每班分成四个项目小组。明确每个成员的任务,并交流讨论如何设计马灯。

(2)发现问题

交流讨论中发现问题:如何将本校特色剪纸与马灯相结合,设计出具有海洋特色的马灯。

(3)解决问题

①确定主题。在经过第一个板块的学习之后,学生对马灯文化有了一定的了解,再通过小组探究的形式收集制作需要的相关素材与材料。让学生观察学校中现有的马灯作品,当他们发现马灯的奇异造型不再以"马"的造型为主,而是多了很多海洋动物的造型时,教师再引导学生进行大胆构思,确定马灯制作的主题,如丰收马灯、渔民马灯、渔船马灯、嵊山景色马灯等。小组探索学习马灯设计制作方法,完成任务单(表 3)。

表 3　"马灯我创造"小组合作任务单

任务内容	探究结果
马灯上的纹样选择 (融入海洋剪纸)	
马灯制作的步骤方法 (融入海洋剪纸)	
同学们想到的好的技法	
制作时应注意的事项	

②探究海洋剪纸的技法、纹样。在小组探究的过程中,学生对于海洋特色剪纸有了更深的了解。无论是在题材的选择上还是在剪纸纹样上,特色的海洋剪纸与传统剪纸都有很大的区别,海洋剪纸所描绘的场景多以海边的渔船、海洋生物以及渔家人物为主,常用的剪纸纹样也以海浪纹、海鸥纹、鱼鳞纹、水纹等特色纹样为主,而不同的纹样也有着不同的寓意,学生对此又展开了小组探究,并填写任务单(表 4)。

表4 “海洋剪纸探究”小组合作任务单

任务内容	探究结果
海洋剪纸有什么特色纹样？	
每个纹样有什么寓意？	
海洋剪纸主要有哪些题材？	
海洋剪纸折法、剪法有哪些？	

除了探究不同题材以及纹样，学生对于剪纸的技法也有了进一步了解和掌握。学生发现阳剪以线条为主，图样要求线线相连，剪去图样中的空白，留下线条或块面。阴剪的要求是线线相断，与阳剪的线线相连正好相反。在设计图案的同时也要注意纹样之间的连接，避免出现太大的空隙，以免影响大面积连续延伸或出现图案断裂的情况。

③绘制草图。完成小组探究后，组内交流后绘制设计草图，标注所需材料以及工具，设计本组作品。

④制作马灯。因为海洋剪纸与灯身的融合度高，因此学生可先将灯身的材料都确定为纸制品，再根据灯身结构，利用不同材质的纸进行裱糊及装饰。

通过几次的尝试，最后选用了两种类型的灯体构造：一种是由几何框架搭建而成的框架型灯体；另一种是由卡纸制作而成的无框架式灯体。框架型的灯体选用彩色宣纸进行裱糊，其特点是柔软透光。无框架式灯体则采用质地适中的卡纸，由于卡纸不透光，所以需要直接在卡纸上进行剪刻。

剪纸纹样的设计是整个环节中最难的一项，为了凸显海洋特色，每个小组都确定了一个主题，并将它设计在灯面上。每一件作品都有一个故事，每一件作品都有一颗童心。

最后根据马灯的造型选择灯源。因灯面为纸制品，可使用小灯珠来装饰马灯，或根据不同的主题进行灯光的选择。光源透过因剪刻所形成的缝隙射出来，能在黑暗的环境中呈现美丽的剪影。

将海洋剪纸文化融入马灯创作中，学生争先恐后地提出创意与想法，通过自己的努力创作出了许多出乎教师意料的作品。创作制作马灯是学生喜爱的活动，学生平时只是作为观众观赏马灯戏，而在学习过程中学生可以按照自己的构想进行马灯的制作,当一回小小的马灯制作人,这对于学生来说是非常难忘的。可以看出,教育必须要调动起学生的主体性、积极性才能够达到最佳的效果,引导学生进行主动的、快乐的活动尤为重要。只有激发学生的实践兴趣,引导学生乐于参与,整个活动过程才能够充满活力,散发出应有的活动魅力。

(三)第三阶段:项目总结

1.设计意图

本阶段中,通过多样的展示活动,学生将对马灯文化的感性认同转化为一种文化自信,既能入乎马灯文化之内,也能出乎其外,自觉做传统文化的推广者。

2.课时安排:3 课时

3.活动过程

(1)明确宣传方式

经过讨论,学生最终决定以四种方式来进行马灯的宣传活动。

宣传方式一:每个项目小组选出一名讲解员来向大家介绍自己小组的作品。

宣传方式二:由每个项目小组设计走马灯的路线,以小组为单位来展示不同主题的剪纸马灯。

宣传方式三:每组选出一名专业摄影师,对全部过程进行拍摄。最终在计算机教师的指导下将每组的表演剪辑成以“传承马灯文化”为主题的视频。

宣传方式四:每组设计一幅与本组所述主题相关的宣传海报。

(2)分小组进行宣传

确定宣传方式后,各个小组展开探究合作,分工完成宣传活动。学生在“马灯我传承”主题活动中展示自己的作品,并以表演的形式向全校和家长宣传马灯文化。“走马灯”看起来很简单,没有明显的舞蹈动作,这是因为马灯是一个“街头”艺术,在行进中能让更多的人感受到节日欢乐的氛围。事实上它的“走”蕴含了很多章法,有长蛇阵、一字阵、剪刀阵、交丝阵等。学生穿上鲜艳的表演服装,带上自己制作的马灯,伴着熟悉的《马灯调》,加入自己创意，和同伴们一起进行表演。

当学生穿上漂亮的服装对自己精心设计的马灯作品进行介绍和展示表演时，他们的脸上洋溢着自信、灿烂的笑容。学生边表演边对所有的过程进行记录，将他们原先对马灯文化的理性理解转化为感性认同。正是这种沉浸式的体验为跨学科主题活动增添了夺目的光彩，也将学生对家乡文化的认同和喜爱展现得淋漓尽致。

(3)评价方式

在项目化教学中进行有效评价是指在每一个不同的项目推进阶段中，评价主体都需要发挥不同的评价作用。小学美术项目化教学中的有效评价作为促进学生综合能力提升的重要工具，要根据项目式学习过程中的学生构思、态度、成果、能力等各个角度综合考量，是以学生为主体、关注学生多元智能、坚持评价多元化和评价内容多元化的客观评价体系。这些有效评价能促进教师向教学整体最优化的方向发展，同时给学生以弹性化和人性化的发展空间，提供教学改进的信息，从而促进学生在美术方面综合发展。本次项目式学习不仅仅是让学生观看一些传统的优秀作品，也不只是简单地让学生进行制作，更多的是为了用本地优秀的文化教育学生、引导学生和熏陶学生，使学生树立文化自信。因为学生的成长经历不同，所处的生活环境不同，对“渔剪灯韵”的理解也不相同，这就需要教师在学习活动中采用符合学生实际情况的评价方式进行评价，让学生在评价中获得经验和成长。

对于任何一种教学而言，评价都能起到画龙点睛的作用，它既能发掘亮点又能指出不足。而本次的课程评价根据每个板块的内容进行设计，并结合学生的年龄特征和学生喜欢的涂色方法，设计了“拾”贝而上评价表(表5)。学生通过自己的努力获得相应的贝壳数量，在课程结束后可根据贝壳数量获得一定的奖励。项目一主要评价学生小组合作探究问题的能力，项目二主要评价学生小组设计和制作马灯的能力，项目三主要评价学生展示汇报的能力。该评价表以多角度的评价激励学生展现自身能力和特长，同时提高教师专业能力。

表 5　“渔剪灯韵”项目式学习评价表

拾“贝”而上评价表		
同学们,你们想给小海贝涂上精美的颜色吗? “渔剪灯韵”项目式学习有三个项目,达成每个活动项目相对应的目标就能给小海贝穿上美丽的外衣,让我们一起加油吧!		
项目一	马灯知多少	
评价内容 1	通过调查了解马灯文化并在班级里分享	
评价内容 2	小组成员分工明确,并完成自己的任务	
评价内容 3	小组成员互帮互助,并相互分享自己的想法	
项目二	马灯我创造	
评价内容 1	设计的草图主题明确,能与海洋剪纸相结合	
评价内容 2	马灯制作材料准备齐全,能运用剪纸技法完成作品	
评价内容 3	作品完整性高、有海洋特色	
项目三	马灯我传承	
评价内容 1	能够有条理地介绍自己的作品,形式新颖	
评价内容 2	马灯表演队形丰富、服装统一	
评价内容 3	宣传视频画面清晰、完整	

本次学习活动主张多角度评价,要把学生在活动过程中的各种表现与活动成果作为评价的重要依据。这样每个学生都可以知道自己在探究过程中的表现如何,并且能够认真听取同学与教师提出的意见,从而在日后的探究学习中取长补短,向着目标更好地前进。

五、项目成效

“渔剪灯韵”活动内容多样，可以设计“看、设、做、思、评”五个操作环节，让学生在系列活动中用全新的学习方式去了解、实践、感受、理解和反思，促进学生综合能力的提升。在整个课程实践过程中，学生通过主题研讨、主题制作和主题分享，进一步提升小组协作能力和群组研究和探讨问题的能力。学生在思中做，在做中悟，通过实际操作学习更加深切地领悟海洋美术项目化课程所带来的深层次意义，这一课程对于学生的思维能力、动手能力、审美能力、创新能力的提升也有至关重要的帮助。

通过“渔剪灯韵”项目式学习，学生在真实情境中进行问题的探讨和交流，让思维始终处在问题解决的情境中，而这种连续的思维意识和思维方式正是学生所欠缺的。同时，教师自己对于项目化教学的认识和理解也达到了一个新的高度，使项目化教学的思维方式在教师的头脑中得以萌芽。

在整个活动中，学生经历了失败与成功，正是这些切身的体验让学生对生活有了新的感悟。如果仅仅关注结果，忽视过程中的认知、体验、感悟，那么项目式学习的价值也就消失殆尽，因此教师需要做到因时而变、因势利导。

第二节 “船承梦想”项目式学习设计案例

舟山，一座由数千岛屿组成的城市，历史悠久，文化底蕴丰厚，作为中国古代海上丝绸之路的重要起点之一，它也是一个国际旅游城市，充满着海洋文化的韵味。在舟山，海洋文化的大融合正在上演。从海岛史前文化遗址、海丝港口贸易遗址、海防遗址到水下文化遗产，无不承载着舟山独特的海洋文化，这些文化赋予舟山独特的魅力。在这里，舟山人与海洋为伴，依靠海洋为生，形成了特色的生活方式、捕鱼技术和渔产品，也形成了独特的渔民文化。舟山这片热土上也孕育出了丰富多彩的民间传统文化，形成了独具海洋地域特色的海洋剪纸艺术。

在当前的中小学美术教材中，尽管传统文化内容占有很大的比例，但是具有地域特色的剪纸课程寥寥无几。美术教师对于传统文化，特别是剪纸文化和海洋文化的理解不够深入，往往只停留在表面，过于强调技法的传授，而忽视了对精神内涵的挖掘。

本项目化案例以海洋剪纸传统文化的校本课程开发为主，从讲船史、探船型、剪船美、悟船神等多角度，深入探讨海岛的海洋文化的传承与创新。通过开发并实践海洋剪纸项目化课程，使学生能够亲身感受到本土传统文化艺术的深远与博大精深，领略到海洋剪纸的独特艺术魅力，从而加深学生对家乡、对祖国的热爱之情。这也会激发学生热爱祖国优秀传统文化的情感，树立传承非物质文化遗产的使命感，让生活在海岛的孩子心中萌发一颗非遗的“种子”，而这些种子终有“开花”的那一天。

一、项目背景

(一)项目缘起

本课程实施对象为初一学生，以“船文化”为切入点，开展以“船”为主题的传统化项目活动。由于受教学生生活在海岛这一独特的地理环境中，他们最熟悉的是“渔船”，再者，受教学生所在学校的品牌项目是“海洋剪纸”，结合这些学情，如果单纯地以“船”为素材进行剪纸活动，可能无法激起初中学生的兴趣，因此，在教学中教师需要探讨如何通过传统艺术展现“船文化”，通过多角度探究，引导学生深入探索船文化的博大精深和独特魅力。通过对本项目化课程的学习，学生不仅可以了解船的历史，体验剪纸的造型美，也可以了解船文化的底蕴，增强对传统文化的热爱和对“船文化”及“海洋文化”的深层次理解，同时也能传承非遗文化。

(二)项目价值

本项目是一项涉及跨学科综合性学习的主题课程。“船文化”是一个跨学科的概念，来自人类的创造，涉及文字、人类信仰、政治经济、文化生活等多方面。学生在长时间的探讨学习中围绕“船承”这个主线，通过探究开展对渔船历史的探秘、对渔船的造型结构研究、对渔船的造型再创作以及对“船文化”的认知，一步步完成项目式学习，培养对“船文化”及“海洋文化”的理解、迁移和再创造的能力。本项目是以海洋美术为主的综合性项目式学习，在本次综合性项目式学习中，学生通过对“船”的研究的学习过程，了解渔船的历史和结构，感受千年船文化的传承与演变。在对船的探究实践活动中，学生进一步理解船与人的关系，掌握船的绘画表现形式，体会船的寓意美、意境美。在项目探究过程中学生提高了观察、审美、制作、创新能力，加深了对渔船独特的生命情感、对丰厚文化底蕴的情感，为以后成为具有海洋气息和海岛人文精神的现代海洋人打下基础。学校通过项目化课程的开发，推进海洋美术特色教育品牌建设，提升海岛学生艺术核心素养，同时培养学生对本土文化的认同感，使学生传承具有本土特质的海洋文化和海洋精神，促进学生全面发展。

二、项目框架

本项目化课程以欣赏《舟山渔船》视频为入项活动，通过深度解读，激发学生对舟山渔船的探索欲望，引发学生对船文化的认同感，同时提出驱动问题：“如何传承船文化以及传统艺术?”项目活动的开展以“设计一本剪纸版的渔船发展史册”为主线，以此解决学科的本质问题：“如何将渔船的发展、种类、结构及船文化文创用品与剪纸融合?”整个项目化课程可划分为四个部分。讲船史，让学生参观非遗体验馆，了解渔船发展史，探寻舟船的历史轨迹。探船型，学生通过科学知识来理解渔船的结构及相关的科学知识。通过绘制渔船结构图、制作渔船模型、了解渔船结构的功能等一系列探究活动，激发学生的创意思维。剪船美，意在让学生在传承传统艺术的同时，也为剪纸艺术带来创新。悟船魂，让学生通过项目化的探究过程，领悟船文化的精神内涵，培养对渔船特有的生命情感。最后发布项目式学习的成果，展示学生的学习成果，形成“船承梦想”课程框架，如图1所示。该框架清晰地表述出课程的结构和构成，以及每一个活动所指向的美术核心素养。

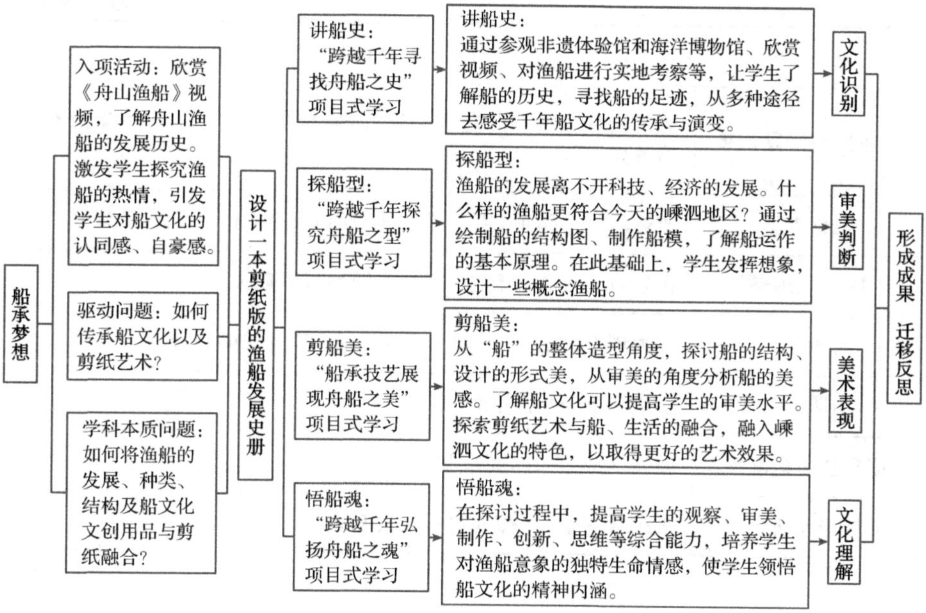

图 1　"船承梦想"课程框架示意图

三、项目素养

本项目的实施以项目式学习的方式，探讨如何将船文化与剪纸艺术巧妙融合。学生通过实地参观、深入研究、精心分析等方式，全面提升思维能力和行动力。项目式学习过程中，学生逐步深入了解船文化，并在学习和创作过程中，领略不同地域船文化的多样性。在课程开展过程中，学生以小组合作的形式通力合作，不仅提高了沟通和合作能力，也培养了团队精神。在研究船文化及其历史背景过程中，学生利用现代信息技术来查阅和搜集资料，从而掌握了一定的信息处理和概括总结能力。在探究学习过程中，学生提高了自主学习的能力和解决问题的能力，整个项目式学习模式对应着明确的核心技能及其具体指向，如表 1 所示。这样的学习过程能使学生的核心素养得到显著的提升。

表 1　核心技能及其具体指向

核心技能	具体指向
思维能力与行动	解决问题、研究、分析的能力

续　表

核心技能	具体指向
创造性与问题情境	运用项目式学习的方法解决“如何传承船文化以及传统艺术?”等系列问题
文化理解	通过项目式学习,用纸艺来表现船,表达对船文化的理解
跨文化理解	在学习与创作过程中,理解不同地域的船文化
沟通能力	根据创作的心得,分享对船的印象,理解船的精神
团队合作	小组分工,合作完成作品
信息技术的掌握	查阅、收集资料,完成学习单
自主规划和自主学习	小组自主学习、探究安排的合理性

四、项目实施

(一)第一阶段:项目启动

1.设计意图

通过项目启动,点燃学生对船文化探究的兴趣,引发学生深入思考船文化的内涵。在赏析海洋剪纸的过程中,学生不仅掌握了海洋剪纸的符号、基础技法,还了解了项目化课程的内容,学会了如何用传统艺术展现船文化的魅力。通过自主练习,学生还可以学习剪纸的技法和如何运用剪纸表现内容。

2.课时安排:2课时

3.活动过程

(1)教师带领学生了解舟山渔船

教师首先与学生进行对话,以学生身边的同伴为提问对象,让学生分享自己熟悉的身边人,通过表格记录下他们的亲人的特征,让学生熟悉这种描述方式。学生通过观看宣传片,从影片中了解渔船的特点,探究渔船的发展过程。选择自己最感兴趣的渔船进行了解,如表2所示。

表 2　我最感兴趣的渔船

我最感兴趣的渔船名称	
用什么方式了解渔船	
了解渔船的哪个方面	

(2)教师带领学生了解海洋剪纸

在教师的引导下，学生初步接触海洋剪纸这一艺术形式，通过欣赏精美的海洋剪纸作品，逐渐理解剪纸符号的内涵。学习了基础的剪纸技巧后，学生通过对海洋剪纸作品进行深入分析，了解海洋剪纸所表达的内容以及项目活动的学习内容。学生完成关于剪纸技能的学习单，如图 2 所示。在这个学习过程中，学生不仅学会了剪纸技巧，而且通过对海洋剪纸的探究，提高了自己的审美能力和创意思维能力。

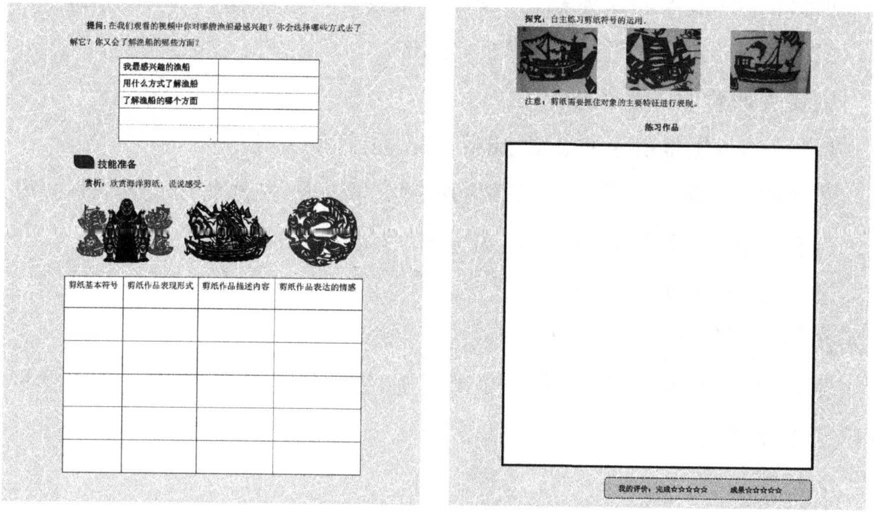

图 2　剪纸技能学习单

(3)驱动问题的提出

在项目式学习中，驱动问题就是指导学生探究过程的工具，可以帮助教师将重点放在学生解答该问题所需要的知识、技能以及活动上。驱动问题的设定需要清晰指向要创作的作品，或者需要解决的问题。同时，也可以选择带有哲学性或者热门话题来激发学生的思辨精神。

驱动问题：如何传承船文化以及传统艺术？

学科本质问题：如何将渔船的发展、种类、结构及船文化文创用品与剪纸融合？

（二）第二阶段：项目过程

本项目实施分为四个部分：讲船史、探船型、剪船美、悟船魂。逐步深入，从基础了解到精神的升华。在项目实施中，每个分项目都围绕特定的驱动问题进行研究，并结合相关联的技能及学科知识，最终成果以作品形式呈现。

活动一：跨越千年　寻找舟船之史

1.设计意图

通过参观，让学生从社会角度深入了解渔船的发展，探究渔船的历史以及船文化的深厚内涵。

2.课时安排：2课时

项目活动：参观非遗体验馆、设计一幅描述渔船历史的思维导图。

主要关联技能：思考技能（辨析、领悟）。

主要关联学科：社会、美术。

项目目标：①能够从多方面观察渔船、了解船文化。

②能够初步理解船文化。愿意观察、探究船文化，在小组内交流观察心得。

材料准备：①教师：舟山的渔船资料，实地参观博物馆。

②学生：学习单。

作品表现形式：思维导图。

驱动问题：你可以通过什么方式了解渔船发展？如何将渔船的发展与剪纸艺术相结合？

3.活动过程

（1）教师带领学生了解渔船知识

学生深入体验船文化，收集各种相关资料，以全面了解渔船的演变过程、发展历程以及渔船的结构特征。学生倾听老渔民生动有趣的讲解、与同学进行讨论，同时，学生还通过观看视频资料来更深入地理解舟山的渔船发展史，进一步领略舟山独特的船文化。这样的学习方式，让学生对船文化有了更深刻的理解，也让他们的学习兴趣更加浓厚，激发他们探究观察的热情。

(2)教师带领学生实地考察

①教师对非遗体验馆进行简单的介绍,进行细致的实地讲解,和学生一同探究渔船的演变,结合社会历史内容,了解渔船的发展与政治、经济的关系。

②在教师的指导下,学生进行细致的观察,并提出一系列问题,这些问题成为他们进一步探究的焦点。在此过程中,学生要进行有效的团队协作,明确小组成员各自的任务和责任,确保能够合作完成详尽的参观记录表,如表3所示。学生综合实地考察的发现以及教师的讲解,独立设计完成一幅关于渔船发展史的思维导图。

表3　参观记录表

姓名		班级		时间	
参观的目的					
最感兴趣的是什么					
你看到了哪些渔船					
谈谈参观感受					
思维导图的顺序					
绘制一幅渔船发展的思维导图。(渔船的种类、不同时期的渔船代表等)					
探究:你可以通过什么方式了解渔船发展?如何将渔船的发展与剪纸艺术相合?					

你了解渔船的方式	如何把渔船的发展和剪纸结合

活动二:跨越千年　探究舟船之型

1.设计意图

学生在对渔船历史有所了解之后,同科学老师一起探究渔船的结构,从科学专业的角度出发,理解渔船行驶的科学原理以及渔船结构特点。

2.课时安排:4课时

项目活动:组装船模。

主要关联技能:思考技能(辨析、领悟)、探究技能、审美技能。

主要项目目标:①能够从结构上了解渔船构造。

②能够拆装完成一艘渔船,探究渔船的不同结构,欣赏渔船的结构之美,并将其转化为剪纸符号。

关联学科:科学、美术。

材料准备:①教师:舟山的渔船模型、胶水。

②学生:任务单。

作品表现形式:船模、任务单。

驱动问题:如何将不同渔船的结构特点与剪纸艺术相结合?

3.活动过程

(1)探究渔船结构

小组探究如何组装船模。在渔船结构探究中,鼓励学生深入探究渔船的结构,并提出一些探究性问题,利用这些问题引导学生进行自主学习并找出解决问题的策略,如表4所示。组内成员根据探究的问题分工,明确自己在渔船的结构探究中的任务,并对研究的结果进行阐述,如表5所示。在此基础上,小组进行汇总、讨论和分析,最终完成对船模结构的全面研究。小组合作完成渔船结构学习单,如表6所示。根据学生的实际组装情况,教师进行指导,并讲解正确的步骤。因为这个过程要用到工具、胶水等,教师要提醒学生注意工具的使用安全,巡视学生的操作过程。

表4　探究一:问题提出及解决方式

<table>
<tr><td rowspan="3">小组名称</td><td>提出问题</td><td>解决方式</td></tr>
<tr><td></td><td></td></tr>
<tr><td></td><td></td></tr>
</table>

表5　探究二:任务分工及研究结果

<table>
<tr><td rowspan="4">任务分工</td><td>成员</td><td>研究的问题</td><td>研究的结果</td></tr>
<tr><td></td><td></td><td></td></tr>
<tr><td></td><td></td><td></td></tr>
<tr><td></td><td></td><td></td></tr>
</table>

表 6　渔船结构学习单

船名		朝代	
船的外形			
船的结构	船的形状	作用	附属品

(2)组装船模

在后续的实践探究中,学生要完成组装船模的任务。学生通过组装船模,深入了解渔船的结构组成,经过细致的分析,绘制一幅详细的渔船结构图。在项目活动中,教师对渔船的每一个构件进行详尽讲解,并着重强调结构图的绘制标准和要求,从专业的视角帮助学生理解渔船的结构以及其在船舶中的重要作用。

(3)设计渔船的剪纸图样

①小组进行讨论探究,收集大量的渔船结构的图样以及各种剪纸元素的图片,确定分工、研究的问题以及研究结果。

②学生分工探索渔船的结构之美,通过小组讨论的形式,初步探究如何把渔船的结构转化成剪纸图样,如表 7 所示。教师根据各组的具体情况,提供指导,并适当结合样例进行有效的引导,使渔船结构转化为剪纸图样。

③小组在进行探究资料的汇总过程中,基于初稿进行修改,绘制渔船结构定稿及剪纸图样定稿,完成的任务单如表 8 所示。

表 7　渔船结构剪纸示意图

渔船的结构	剪纸图样

表 8　绘制渔船结构剪纸图样任务单

作品名称		选项	
小组分工			
作品简介			
我的评价	完成☆☆☆☆☆	成果☆☆☆☆☆	

活动三：船承技艺　展现舟船之美

1. 设计意图

设计本活动主要是为了让学生在学习了相关的知识之后，学会把渔船的结构和剪纸相结合，能以剪纸的形式记载渔船的历史，既从剪纸角度展现舟船之美，也让海洋剪纸这个传统技艺得到传承。

2. 课时安排：4 课时

项目活动：制作图册。

主要关联技能：思考技能（辨析、领悟）、审美技能。

主要关联学科：美术。

项目目标：①能够利用剪纸的样式表现渔船之美。

②能够利用剪纸绘制渔船的发展史，学生愿意探究渔船的结构、剪纸的方法。

材料准备：①教师：剪纸的技法课件、剪纸工具材料。

②学生：学习单。

作品表现形式：剪纸版船的发展图册、剪纸版船的结构图册。

驱动问题:如何完成一本既能体现渔船发展的历史,又能体现各发展时期代表性渔船的结构图的剪纸版图册?

3.活动过程

(1)探究技法。

欣赏海洋剪纸,深入理解海洋剪纸的发展历程。学习海洋剪纸的基本知识与技能、探究海洋剪纸的表现技法。教师通过课件,向学生介绍海洋剪纸的精髓,并与学生共同探讨海洋剪纸的艺术表现形式。结合前期的探究学习,教师根据小组完成情况,给予实践指导,为学生提供一些图片参考。

(2)设计剪纸版渔船图册。

①小组根据前期的完成工作进行剪纸版渔船图册的制作。在制作剪纸版渔船图册的过程中,教师给予技术上的指导。

②教师传授图册的制作要领,学生根据小组讨论的结果进行图册的编排,使得每个小组都能够根据自己的创作意图展示渔船图册。

活动四:跨越千年 弘扬舟船之魂

1.设计意图

通过深入对船文化的研究和探索,可以提炼出船文化的深层内涵,让学生从自我"学海无涯苦作舟"的学习态度、父辈们"乘风破浪"的拼搏精神以及团队"风雨同舟 扬帆起航"的理想志向中,感受到船文化赋予的精神力量,让学生深度理解船文化。

2.课时安排:4课时

主题:船的精神。

项目活动:读写关于船的文章。

主要关联技能:思考技能(辨析、领悟)。

主要关联学科:语文

项目目标:①学会观察、描写船的外观,学会欣赏家乡的船。学会倾听,在与长辈的交谈中了解更多人与船的故事。

②通过故事分享、美文欣赏,体会家乡人民寄寓在船上的对美好生活的向往,体会人与船之间的情感纽带。探索家乡的船与人内在精神品质的联

系，体会家乡人民的艰苦拼搏精神与博大胸襟。

材料准备：①教师：关于船的美文、课件。

②学生：学习单。

作品表现形式：学生文章。

驱动问题：如何用剪纸艺术凸显船文化？

3.活动过程

(1)美文欣赏

欣赏美文《船的故事》《父亲的船》，体会人与船之间的情感，从而联系到家乡的人与船之间的情感纽带，探索人与船所共有的精神品质。鼓励学生展示自己家的船或自己最喜欢的一艘船的照片，要求学生为这艘船写一段解说词，包括船的外观、与这艘船的故事、对这艘船的感情等内容。通过写作表达对家乡、对渔船、对人民的情感。

(2)抒发情感

在教师的引导下，学生开始尝试剪一幅关于渔船的剪纸作品，并配以简短的文字，抒发学生对大海、对渔船的情感。

(三)项目总结

1.设计意图

通过总结的方式，让学生对项目式学习的内容和成果有更全面的认识。同时，这也是对本次项目式学习的一个反思，通过对项目的总结，使学生学会整理和归纳学习的要点，并能清晰、准确地汇报分享他们的成果。

2.课时安排：2课时

项目总结，实际上就是我们的成果展示，在此次的项目式学习中，学生对渔船的历史和文化进行了深入的了解，从科学的角度研究渔船的结构特点，掌握了绘制和组装船模的技能。同时，还运用传统剪纸技艺对渔船进行独特的表现，为渔船的传承开拓了新的方式。

①“跨越千年　寻找舟船之史”学习成果

本活动中教师带领学生走进非物质体验馆参观，如图3所示。学生近距离了解渔船的历史，目睹渔船形态，用调查和实证探寻渔船的发展脉络，绘制渔船发展的结构图，学习单如图4所示。在社会课老师的指导下，学生了解渔船的发展及对应时期经济文化的发展，并进行汇报调查，如图 5 所示。学生根据调查结果绘制思维导图，如图 6 所示，清晰地总结渔船的发展历史，对家乡的本土文化有了更深的了解和认同。

图 3　参观非物质体验馆

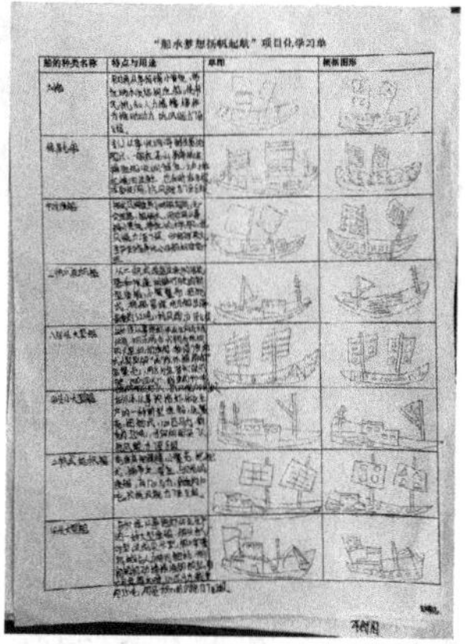

图 4　“船承梦想”项目式学习单

图 5　学生汇报

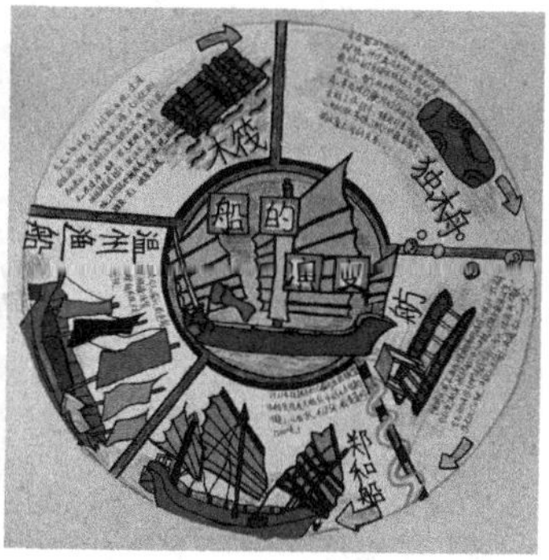

图 6　关于船史的思维导图

②“跨越千年　探究舟船之型”学习成果

在本活动中，学生主要通过科学的视域来理解渔船的结构特点，如图 7 所示，并对渔船进行结构分解，以渔船结构和剪纸艺术相结合的方式，从图册的角度来理解和传承船文化。活动主要围绕渔船分解结构示意图的绘制展开，如图 8 所示，学生在此基础上，发挥自身的创造力，为未来的学习打下坚实的基础。

图7　学生探究渔船结构

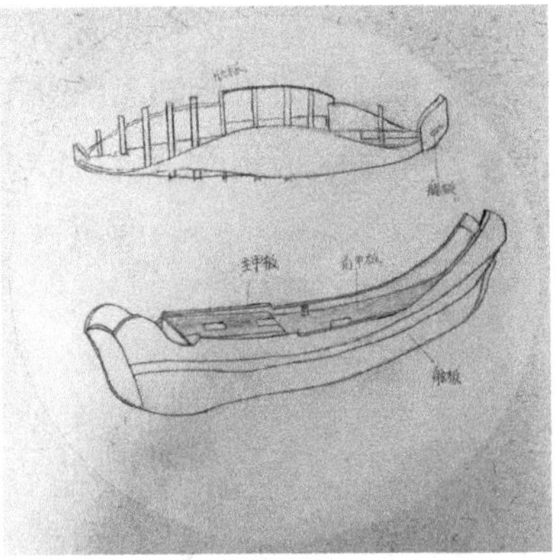

图8　渔船分解结构示意图

③“船承技艺　展现舟船之美”学习成果

本活动中学生借助先前的学习，通过剪纸的方式编制一本渔船的发展图册。学生参照先前的学习单，进行小组讨论，最后确定图册的内容，并完成剪纸作品，如图9、图10所示。以剪纸的形式，延续海岛的船文化，展现渔船的历史演变，与此同时，传承和发扬海洋剪纸文化。

图9　学生设计制作的渔船剪纸作品(一)

图10　学生设计制作的渔船剪纸作品(二)

④“跨越千年　弘扬舟船之魂”学习成果

本项目式学习活动中学生通过欣赏关于渔船的优美文章，深入了解如何撰写富有感情色彩的文章，领悟中国人对船的特殊情感，感悟“一帆风顺”中饱含的祝福，感悟“乘风破浪”中的艰辛与拼搏。通过项目式学习，学生更深刻体会到“长风破浪会有时，直挂云帆济沧海”的文化内涵，理解船与人的精神内在联系。这不仅仅是一种文化的传承，更是一种精神的力量。教师引导学生学写抒情散文，鼓励学生表达对海洋、对渔船的深厚情感，如图11、

图 12 所示,教师帮助学生理解中国独特的船文化,培养他们的情感表达能力。

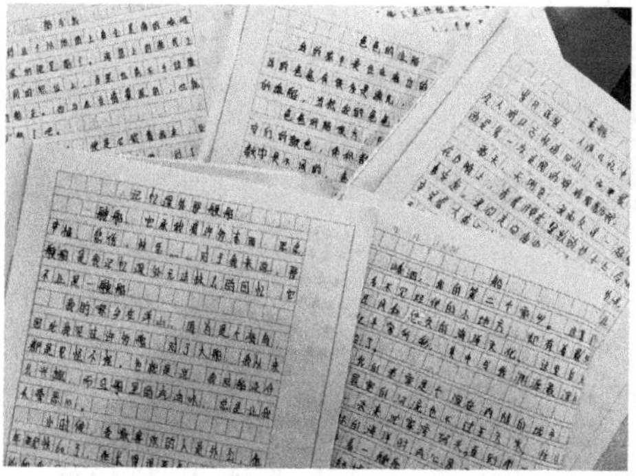

图 11　学生描写渔船、大海的习作(一)

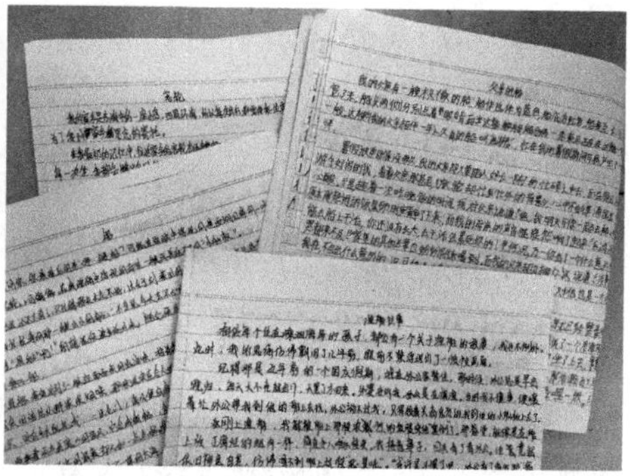

图 12　学生描写渔船、大海的习作(二)

五、项目成效

“船承梦想”项目式学习课程以“如何传承船文化以及传统艺术?”为核心问题,深入探讨对传统文化的传承。课程以渔船为例,将传统艺术融入美术教育中,以剪纸的方式传承船文化。本课程中利用剪纸表现不同的事物,尝试通过剪纸教学进行新的美术教学探索。在跨学科的学习过程中,学生通过深入研究渔船的历史和结构,逐渐从初步了解到熟悉船文化。同时通过小组合作的方式,学生解决如何用剪纸艺术传承船文化的问题。课程以船的发展为载体,选择与海岛学生生活紧密相关的主题,引导学生自主探究。在增加学生对船文化等传统文化的了解和热爱的同时,也加强了学生对本土文化的认同感。通过课程学习,学生的观察能力、批判思维、动手能力、合作能力和创造能力都得到了提高,同时也深化了学生对美术学习的兴趣。

第三节　“乡里耋情”项目式学习设计案例

秋冬,是诗意的季节。小岛上空的阳光从夏日发白的炙热,渐渐变成了金灿灿的深情,衬得天愈发蓝,衬得芦花如飞雪般洁白。伴随着云卷云舒、芦苇摇曳,一些轻轻柔柔的声音从遥远天边飘到我们耳畔。那是小岛海风自由的声音,是秋冬的私语!

一、项目背景

(一)项目缘起

每年秋冬,嵊泗渔家人既忙又闲。海岛的节奏很慢,渔哥渔嫂们按照自己的节奏日出而作、日入而息,从容不迫。但他们又是忙碌的,渔船时不时就要出海。幽深的黑夜,深沉的海上,渔哥们撒下一网又一网,捞起的海货堆满甲板。刺骨寒风里,渔哥们要抓紧分类,这样等返回码头,就能快速将海货运到该运去的地方。等渔船回港,“接力棒”就要交给渔嫂。除去运出岛,以及运到本地海鲜市场和餐馆的海鲜外,还有一大波海鲜被渔嫂们抓紧处理,趁着充足的阳光与海风,晒制鱼鲞。嵊泗万物皆可晒,不同的海鲜晒制手法不一样。贻贝需要煮熟,剥开再晒,而鱼类则要先腌制再晒制。晒制鱼鲞,本是渔民为了延长海鲜的保存期限、储备过冬食物,而创造的食物保存方法。在不断的传承中,鱼鲞晒制方法不断提升,鱼鲞成了嵊泗渔味与乡味的代表。鱼鲞常见于舟山人的日常饮食中。淡鱼鲞是下酒的好菜,而咸鱼鲞则是地道的“压饭榔头”。食用鱼鲞时,可以将其洗净后干蒸,然后蘸酱油、醋吃,也可以什么都不蘸。另外,鱼鲞烤肉的味道也非常不错,它是一道老舟山名菜。在初冬季节,在外的嵊泗游子们开始疯狂想念嵊泗鱼鲞的味道。

(二)课程价值

乡情,是人最真实和朴素的情感之一。学生的乡情是从身边可观可感的事物中生发出的。越是与学生联系紧密的事物越能激发儿童的情感体验。将嵊泗乡土资源晒鲞文化与美术教学建立内容联系,建立“聚焦乡物—激发乡趣—感受乡韵—生发乡情”渐进式的体验过程,从事物本身的体验出发,引导学生对家乡的事物产生兴趣,体会乡土情韵,以美术形式的表达和介入,使学生在美术学习中生发浓厚的乡情。本项目的实施对象为5—6年级学生，同时，以“乡情泥塑”为依托，以地方文化资源为内容，挖掘海岛文化中的“泥塑”元素，让学生将生于斯、长于斯的浓厚情怀以泥塑的形式进行表达。

二、项目框架

晒鲞是嵊泗最为普遍的一种渔家行为。9 月禁渔期结束，渔民开捕后，一船又一船的渔货满载而归，渔货丰收了，秋冬季节的岛城刮起西北风，嵊泗的晒鲞也就悄悄拉开帷幕。“乡里鲞情”主题创作活动以项目式学习理念为指导，带着问题开展“晒鲞研学”，在确保学生主体性的前提下，通过小组合作探究的项目化研讨形式引领学生从生活中发现可供创作的美术素材（图 1）。

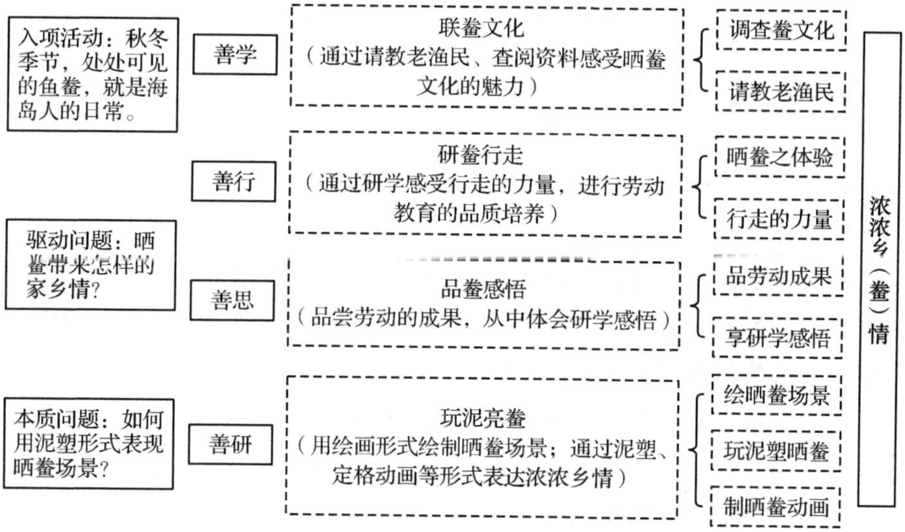

图 1　“晒鲞研学”项目思维导图

三、项目素养

通过构思与创作发展学生的创新能力与动手能力，同时培养学生的美术综合技能和审美观念，在美术教学中渗透劳动教育，起到以美育人、以美润德的全面育人效果。本活动旨在培养的学生的核心技能及其具体指向如表 1 所示。

表1　核心技能及其具体指向

核心技能	具体指向
形象思维	了解各种绘画方式的特质。用线描、国画、黏土等形式，尝试运用揉、捏、剪、挑、压、粘、贴等方法创作晒鲞场景
创造性与问题情境	通过项目式学习，使学生在实践中学会观察分析事物，获得创新精神和实践能力，培养学生团队协作意识和团队精神，锻炼学生创造力和动手动脑的能力
跨文化理解	本项目式学习中跨语文、劳动教育学科，融合两学科学习方式，帮助学生理解本土的晒鲞文化，培养学生对家乡本土文化的热爱
沟通能力	创作新的美术作品，分享对家乡的热爱
信息技术的掌握	查阅网络资料、完成学习单、制作定格动画
自主规划和自主学习	小组自主学习、探究安排的合理性

四、项目实施

(一)第一阶段:项目启动

1. 设计意图

挖掘生活中承载文化内涵的美术内容，是进行美术教学时经常要关注的。我们身处海岛，对于从小生活在海边的孩子而言，鱼鲞是可用于美术创作活动的自然材料，是亲近自然的有效载体。

美术是社会文化的一个重要部分，乡土美术是乡土文化的重要内容，其反映着社会文化的发展。广泛流传于海岛的民间艺术，成为学生乡土美术材料的重要来源。而晒鲞是嵊泗最为普遍日常的一种渔家行为，是海岛乡土文化的重要组成部分。

在中国几千年的历史文化长河中，家国情怀一直深深地根植于每一个人的心中，乡土情结在人们心中根深蒂固。将家乡自然的、社会的美术材料搬到课堂中，让学生心中产生情感上的亲近感，学生在美术学习活动中，深挖海岛的晒鲞文化，从而产生强烈的好奇心，想亲身接触、感受和表现家乡艺术，乡土情感成为学生美术活动的积极情感因素。

美术活动是一种寓教于乐的艺术学习活动，学生只有亲身体验过，才更容易产生参与美术活动、创作美术作品的主观意愿。乡土美术文化具有无穷的创作空间,蕴含着无穷的美术创作乐趣,海岛晒鲞文化是学生开展多彩美术活动的宝贵资源。

2.课时安排:2 课时

3.活动过程

项目描述:秋冬的嵊泗,鱼鲞满地,汇成一道亮丽的风景线,那么为什么要晒鲞?

学生通过查找资料、实地探访了解晒鲞文化。

材料准备:

教师:网络、晒鲞文化资料、采访单。

学生:用于记录的纸和笔。

驱动问题:为什么要晒鲞?

(1)网络调查

什么是晒鲞?为什么要晒鲞?学生通过网络查找资料,探究晒鲞的基本用途。

(2)制订采访计划

小组确定组员、分工、步骤。组内探讨想了解的问题,确定采访内容、采访地点和采访时间。教师需要寻找适合的资料,启发学生去了解嵊泗的晒鲞文化。

(3)现场采访

根据采访计划和提纲,有礼貌地开展采访,了解什么时候晒鲞最适合、什么鱼适合晒鲞,记录员做好记录。教师制定学生活动手册,学生根据手册研学清单展开活动。活动手册以学生感兴趣的方式用儿童的语言进行设计,导研展评,深入拓展,形成完整、规范的活动内容体系的整体设计。并且在设计的过程中尽量注意美感,让学生在学习的过程中也能感受美的力量。手册制定力求做到:一是内容有"滋味",二是形式有"趣味",三是效果有"回味"。

(二)第二阶段:项目过程

1.设计意图

"纸上得来终觉浅,绝知此事要躬行。"要充分了解乡土文化,就要去实地开展研学实践，这样才能充分感知晒鲞的奥秘所在。由于学生平时有很重的学业负担，接触晒鲞这样的劳动的机会并不是很多，因此本项目专门组织学生去五龙民宿学习家乡的特色——晒鱼鲞。

2.课时安排:3课时

3.活动过程

(1)请教老渔民:邀请一位年迈的老爷爷教学生如何晒鱼鲞。

(2)了解杀鱼的过程:首先要把鱼洗干净，然后用刀沿着鱼背将鱼剖开，把鱼的内脏去掉，处理干净，再洗一遍。

(3)了解制作过程:将鱼晾干后放点儿盐，用盐腌制一会儿，把处理过的鱼都放到筛子上晒，白色的小鱼在太阳底下晒上三天，晒得扁扁的、黑黑的，就晒好了。

(4)了解制作的条件:通过采访富有经验的、出海捕鱼半辈子的老爷爷了解制作条件。西北风一吹，当强蛟(镇)的海风里夹杂着鱼鲞味的香气，一阵阵地吹来时，冬天就真的来了。从选料到剖、腌、洗、晒、包，每道工序都有严格的要求。以黄鱼鲞为例，剖鱼讲究厚薄均匀、刀口光滑、头壳完整，要做到石珠不落、鱼唇不破。完美剖一条黄鱼，好的制鲞师傅从落刀到收刀只需要短短几秒钟，动作是一气呵成的。做鲞就要腌得咸、洗得淡、晒得干，该有的步骤一个不能少，该用的时间一分钟都不能省，这样做出来的鱼鲞才会好吃有营养。

(三)第三阶段:项目总结

1.设计意图

把本土的晒鲞文化与艺术进行联系，通过美术的语言进行晒鲞文化的创作，可以用国画、线描画、渔民画、泥塑、定格动画等多种形式，进行探索与创新。

2.课时安排:8课时

3.活动过程

(1)以水墨黑白悟乡情

引导学生进行游戏式的水墨涂鸦，从中感受水墨特性，尽情地释放与生俱来的直觉把握能力，用直觉表达物象结构。用水墨线条的疏密、粗细、长短等有节奏地进行排列组合，形成墨色丰富、画面构成特别、有趣的水墨语言。用水墨的形式表现乡趣，用乡情浸染童心，用岛城文化浸润童年。

(2)以多种色彩念乡情

线描画：线是线描画最基本的造型语言，线条练习是线描画的基础。学生先尝试用线描的方式表现晒鲞，体验用各种记号笔、荧光笔等组织画面表现渔村的各种晒鲞场景，以线条展示家乡情怀。

渔民画：它是嵊泗的一大特色，学生用鲜艳的色彩、夸张的造型、奇妙的构思表现独特的晒鲞场景，散发浓烈的海洋气息。学生用渔民画的形式感受乡情所在。

(3)以泥塑实践留乡情

"海泥土玩"是舟山市嵊泗县菜园镇第三小学的美术特色，师生尝试用各种泥塑进行晒鲞场景的创作。用超轻黏土和陶泥等多种材料创作平面或立体的作品，学生大胆想象，作品精彩纷呈。

(4)以定格动画传乡情

还可以把陶泥作品变成定格动画，使静态图片变成动态视频，通过视频传递乡情。活动结束后把晒干的鱼鲞寄给远方的亲人，表达浓浓的乡愁。学生从中感受到绘画的宽度和深度，从项目式学习中学会欣赏与提炼，从而打心底里热爱美术，热爱项目式学习带来的珍贵人文精神。

4.项目评价

本项目以任务文本为载体，培养学生完成任务的能力，倡导"以学生为中心"的学习理念，重点在于解决教学中的关键问题，使学生由"苦学、死学、难学、学会"向"乐学、活学、易学、会学"转变。针对项目启动、项目过程、项目总结三个环节设置采访评价、研学活动评价、作品评价、学生自评、教师总评的评价方式，采用五星评价机制进行评价(表2、表3、表4)。

表2　采访评价表

班级	姓名		
我能得到几颗星	☆	☆☆☆	☆☆☆☆☆
采访能力	能倾听、能交流一个问题	能倾听、能交流两个问题	有胆识胆量、能观察、倾听、能交流两个以上的问题

续　表

语言表达能力	表达清楚，语言组织通畅	表达流利，能运用自己的语言进行表达	表达非常流利，会表达、会记笔记
应变能力	不冷场，能对突发状况进行处理	对突发状况有基本应对能力	对突发状况应对自如

表 3　研学活动评价表

评价内容	自我评价	教师评价
积极参与，态度端正	☆☆☆☆☆	☆☆☆☆☆
遵守游览之礼，礼貌有序	☆☆☆☆☆	☆☆☆☆☆
能克服困难，按要求完成研究	☆☆☆☆☆	☆☆☆☆☆
有合作精神，内容创新	☆☆☆☆☆	☆☆☆☆☆
及时总结，有所收获	☆☆☆☆☆	☆☆☆☆☆

表 4　作品评价表

评价内容	自我评价	教师评价
突出主题，画面内容丰富	☆☆☆☆☆	☆☆☆☆☆
构图合理，能表现出画面对比、协调的能力	☆☆☆☆☆	☆☆☆☆☆
创造力强，作品有想象力	☆☆☆☆☆	☆☆☆☆☆
活动中表现专注，能坚持到最后	☆☆☆☆☆	☆☆☆☆☆

五、项目成效

本次活动重实践，将本土的晒鲞文化用艺术的形式进行展现，通过美术的语言进行晒鲞文化的创作，以国画、线描画、渔民画、泥塑、定格动画等多种形式对晒鲞文化进行探索与创新。

在这次的项目活动中，学生通过用陶泥制作人物，体验到了陶泥素材的强大，通过将陶泥作品变成定格动画感受到了艺术的强大，在动画的制作活动中，动画的创意、剧本的设计和画面的成像还有更多思考的空间。教师应当树立一种适应时代和社会需求的艺术课理念和现代教育理念，让学生在对艺术的学习中得到全面升华。

本次项目活动虽然体现了劳动教育和美术的结合,但是与其他的学科的结合点不明显,今后教师可以增加各学科之间的联系点,将美术实践活动和其他学科进行融合,让实践活动更丰富也更有意义。

本次活动是以驱动问题为导向的综合实践活动,如果在此基础上策划一系列的项目化单元式设计,使常规性和阶段性相结合、规定性和自主性相结合、知识性和趣味性相结合、实践性和人文性相结合,内容将更加丰富。对此项目进行更深层次的探究学习,让学习真实地发生,是教师下一步需要努力的方向。

第六章　跨学科主题:社会公平与文化多样性的促进

本章案例关联联合国可持续发展目标10——减少不平等和目标4——优质教育。

社会公平层面,联合国呼吁在国家内部和不同国家之间减少收入、机会和社会服务方面的不平等现象,这包括消除贫困、保证所有人能获得优质教育、医疗和基本公共服务,以确保弱势群体得到扶持,享有同等的发展机会。同时强调强化法律制度保护、打击歧视行为、实现性别平等,让所有人都能在公正和平等的基础上参与社会发展。

文化多样性方面,联合国可持续发展目标提倡尊重和保护所有文化的权利,认为这是促进世界和平、增强社会包容性和可持续发展的重要基础。其中包括保护文化遗产和传统知识,支持各种艺术表现形式,鼓励国际文化交流与合作,通过教育提高对文化多样性的认识和尊重,以及确保每个人都能享有参与文化生活的权利。通过这种方式,既保护了人类共同的文化遗产,也为不同背景的人群创造了更加和谐的社会环境。

社会公平与文化多样性是构建美好世界的重要基石。本章中的跨学科项目式学习邀请学生一起参与“开捕彩剪”的热闹庆典、体验“一‘器’去考古”的历史沉淀、体验“海韵乡桥”搭建的城乡交流的文化桥梁,通过“渔风艺蕴”展示如何通过艺术形式守护和传承地方文化遗产。本章关注多元化社会的包容之美,同时也紧扣关于社会公平和文化多样性的联合国可持续发展目标。

第一节　“开捕彩剪”项目式学习设计案例

海岛是渔俗文化的发源地和见证者。嵊山海岸线弯曲绵长,渔民多以岙口为居进行渔业活动,渔民多样的生产作业方式造就了丰富多彩的渔俗文化。嵊山渔场有着百年的兴衰变迁历史,天南海北的渔家风情在这里得以传承和延续。开捕活动是渔风,也是渔俗,更是百年渔场的见证。“开捕彩剪”课程旨在引导学生探究百年渔场兴衰变化中的渔俗文化,感受渔民在海上作业的艰难与危险,激发学生珍惜海洋渔业资源、热爱家乡的情感,引导学生在项目式学习的活动中感受多样的乡土民俗文化,传承嵊泗传统文化。

一、项目背景

“祭海”是历史悠久的渔俗之一,它是渔民因畏惧大海而祭请“海神爷”祈求出海平安顺利的古老民俗。长久以来,“祭海”仪式的举行,成为了渔民起航捕捞的信号,从“祭海”中诞生了各式各样的开捕节活动。

在嵊山镇,渔民们在箱子岙交通码头以最淳朴的方式开展拖虾船开捕仪式。伴着喧天的鼓乐,渔嫂们将平安符和“年年有鱼”吉祥物送给整装待发的丈夫,希望亲人平平安安、满载而归。小朋友们聚集在活动现场,向自己的父亲献出一个拥抱,期待着他们带回来第一捕新鲜的海味。

引导学生发现和传承乡土文化,是嵊山镇小学探索海洋系列项目一直以来的初心。本项目聚焦开捕节这一近年来备受瞩目的渔俗活动,探索开捕节文化的“前世今生”,让更多人知道开捕节、认识开捕节、参加开捕节,为家乡旅游发展做出一份贡献。

二、项目框架

以“如何帮助嵊山宣传开捕节?”为导向问题,引发学生的思考、判断,探究开捕节背后的文化,感受传承至今的人文情怀。通过课题实践研究,构建"开捕彩剪"海洋美术项目化课程的基本架构，大致包含四个项目研究。

在入项活动中学生观赏关于"开捕节"的视频资料，教师引导学生对视频中出现的开捕节产生兴趣和疑问，并展开交流讨论。学生提出问题，筛选问题，最终确定小组主题。教师指导学生根据活动主题的需要制订项目计划，组内分配任务。

1. 知开捕——从"开洋"到开捕节

活动内容：嵊山镇2023年拖虾开捕节活动在舞龙舞狮和锣鼓欢闹的喜悦气氛中开场。以班级为单位，通过查阅资料或采访渔民的方式展开探究并完成学习单：什么是开捕节？开捕节的仪式有哪些？可以通过哪些方法来宣传？

活动建议：本部分活动的主要目的在于引导学生感受开捕节的活动氛围，通过调查、了解开捕节，让学生感受家乡独特的渔俗活动。

2. 观开捕——出航！新的捕鱼季

活动内容：码头上的人们敲着锣打着鼓，为一艘艘出海征浪的渔船加油打气！那是每年秋天嵊泗最盛大的节日，与过年相比都不逊色！学生用艺术创作的形式创作一个"开捕节"场景吧！

活动建议：本部分的重点在于提高学生创作能力，引导学生细心观察场景的特点，以艺术创作的形式来设计一个开捕节的场景。

3. 剪开捕——剪花样，做周边

活动内容：渔港渔船列阵，雄赳赳气昂昂地等着奔赴东海的"战场"，所有人仿佛都看到了丰收的画面！学生尝试设计一个有开捕节元素的剪纸图案。

活动建议：本部分的重点是提高学生设计能力，将普通的绘画作品变成剪纸图案，教师重点教授剪纸方法。

4. 宣开捕——嵊山开捕节出名啦！

活动内容：同学们，经过之前的学习，你们对嵊山的开捕节有了一定的了解。但是还是有很多游客不知道我们嵊山有开捕活动。如何让嵊山的开捕节被更多人知道呢？你能帮助开捕节的主办方设计一份关于开捕节的宣传计划书，来吸引更多的游客吗？

活动建议:本部分活动侧重于培养学生的创新能力和思维表达能力,让学生尝试设计一个小小开捕节。

图1展示了"开捕彩剪"具体实施框架。

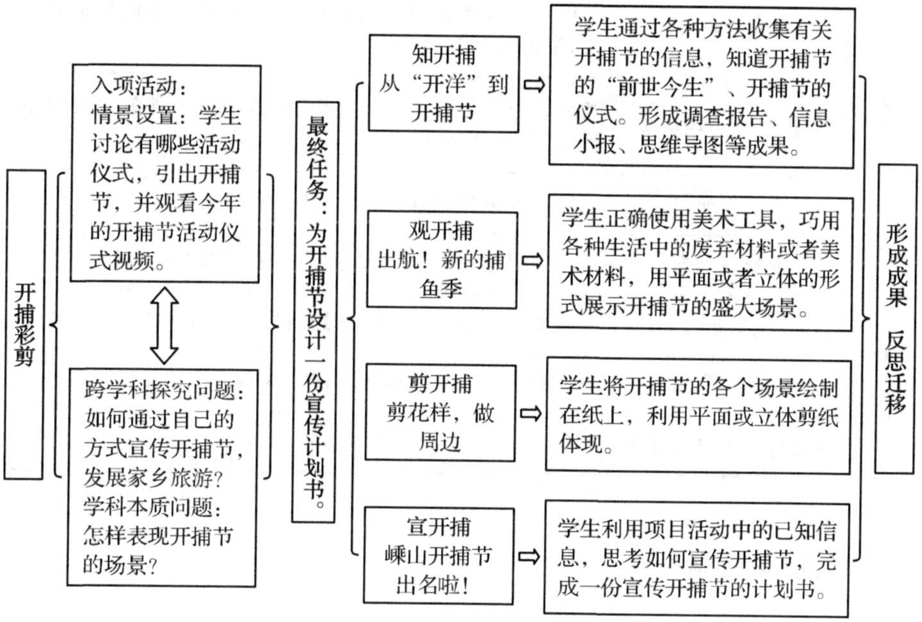

图1 "开捕彩剪"项目实施框架

三、项目素养

本次项目式学习围绕"如何通过自己的方式宣传嵊山开捕节,发展家乡旅游?"这个核心问题展开,引导学生探索开捕节的来历与发展,结合本校特色将开捕节与海洋剪纸相融合,设计出具有海洋特色的开捕节宣传方式。

"开捕彩剪"项目化课程在小学阶段最主要的是对学生思维能力与自主探究能力的培养。学生需要思考项目中所提到的问题的解决方法,以及应对在解决问题的过程中又冒出的新问题。学生的思维能力在整个项目中得到不断的锻炼。与此同时,学生自主探究的技能和协同思维能力得到发展。表1列出了该项目涉及的核心技能、小技能及其具体指向。

表 1 核心技能、小技能及其具体指向

核心技能	小技能	具体指向
思维能力	图像理解	了解美术图样的设计与应用，对画面做一定的分析和解读，掌握绘画技能
	创造性与问题情境	运用项目式学习的方法解决“开捕节是一种怎样的渔俗活动”等系列问题
	跨文化学习	在学习与创作过程中，理解开捕节的文化由来
	创新与创造	在学习过程中大胆发散思维，对艺术形式进行创新
自主探究能力	沟通能力	大胆与人沟通，与游客、本地居民分享对开捕节的印象
	信息技术处理	查阅网络资料、完成学习单，熟练掌握几个主要软件的运用
	自主规划和自主学习	小组自主学习、合理安排探究计划

四、项目实施

(一)第一阶段：项目启动

1. 设计意图

学生观赏关于开捕节的视频资料，教师引导学生对视频中出现的开捕节产生兴趣和提出疑问，展开交流讨论。学生对主题进行分解，教师指导学生从自身能力、研究条件、预期研究成果等方面综合考虑，确立可研究的子问题。

2. 课时安排：1 课时

3. 活动过程

(1)观赏视频，引发学生思考

教师通过查阅资料发现，拖虾开捕节是嵊山镇党委、政府，嵊泗县海洋与渔业主管部门和广大群众共同为即将拖虾开捕出航的渔民兄弟祈福助威的仪式。如表 2 所示，学生通过观赏开捕节的视频资料，对开捕节产生兴趣和疑问，展开交流讨论。

表2　前期调查表

我通过______________发现______________________	
我还有很多方法可以了解:________________________	

(2)如表3所示,学生根据自身特长和兴趣确立项目小组,根据活动主题的需要制订项目计划,组内分配任务。

表3　项目小组任务分配表

小组名称	
小组口号	
小组成员	
小组分工	
调查方法	

(3)提出驱动问题

驱动问题:学生如何用自己的方式让更多人知道开捕节?

本质问题:如何宣传嵊山开捕节,让更多人来参加这项活动?

(二)第二阶段:项目过程

项目一:知开捕——从"开洋"到开捕节

1.设计意图

"知开捕"要求学生收集开捕节的相关资料。在这个项目中,学生以班级为单位,通过查阅资料或采访渔民的方式展开探究并完成学习单,解决"什么是开捕节""开捕节的仪式有哪些""可以通过哪些方法来宣传"等问题。活动成果利用思维可视化的方法呈现。这里的思维可视化方法指思维导图、时间轴等工具图。

在收集信息的过程中,学生可以到现场参加开捕节,亲身体验开捕节,或在相关的渔俗风情馆中听管理员讲解,在参与或聆听过程中了解家乡渔俗活动的变化。

2.课时安排:2课时

情境设计:嵊山镇2023年拖虾开捕节活动在欢快的氛围中开场。同学们对开捕节好奇吗？制订一份出游计划去参加一次有趣的开捕节活动吧！

主要关联技能：思维能力、自主探究能力。

主要关联学科：语文、美术、综合实践。

项目目标：①能够制订活动计划，安排有效的出游参观。

②能够学会礼貌采访，进行有效采访。

③汇总分析采访记录，提炼出需要的信息。

④用合适的工具图呈现调查结果，并进行讲解。

材料准备：①教师：8开卡纸（每组2—3张）；采访单（每人1张）。

②学生：拍摄工具（手机等）；用于记录的本子和笔；马克笔等绘图工具。

作品结果表现方式：开捕节知识思维导图等。

驱动问题：开捕节是一种怎样的渔俗活动呢？

3.活动过程

(1)制订计划

①学生分小组确定小组探究内容（表4），如：什么是开捕节？开捕节的起源是什么？开捕节有哪些习俗或者流程？嵊山的开捕节和其他地方的开捕节有什么不同？并提出有可行性的采访问题。

表4　开捕节知识探究表

任务类别	具体内容	探究结果
了解开捕节	什么是开捕节？	
	开捕节的起源是什么？	
	开捕节有哪些习俗或者流程？	
	嵊山的开捕节和其他地方的开捕节有什么不同？	
	……	

②学生分小组制订开捕节出游体验计划

计划要求：制订详细的出游计划，包括路线、交通方式、携带物品等；小组分工合作，明确各自任务；交流计划，确定作业提交形式为思维导图，要求探究主题明确，配图合理，框架设计和谐美观。

教师活动：根据学生参加开捕节的计划，提供相关的基本知识；根据学生拟订的信息需求，帮助学生建立思维可视化的概念。

(2)分小组完成出游计划，参加开捕节

①各小组利用各自资源，在节假日参加开捕节。

②学生统一参观渔俗风情馆，聆听管理员讲解。

③学生根据拟订的采访计划随机进行采访。

教师活动：教师根据学生的出游情况，随机辅助学生进行活动。

(3)组内交流

①每个学生将自己收集的开捕节信息和小组成员交流。

②完成信息的收集整理工作，完成工具图，并撰写讲解材料。

教师活动：教师引导学生认真倾听别人发言，根据发言修改作品。

(4)学习展示

每个小组选派成员以张贴、陈列的方式对思维导图进行展示。各班同学参观，并听讲解员进行图例讲解，并以投票的方式选出"让你'鲸'艳"的思维导图。

教师活动：在学生参观的过程中，教师引导学生表达"让你'鲸'艳"的思维导图好在哪里。

项目评价：①为"让你'鲸'艳"的思维导图颁发徽章(学生互评、教师评价)。

②完成"知开捕"活动自评表(表5)、作品评价表(表6)。

表5　"知开捕"活动自评表

评价内容	点鲸
自主参与且始终专注于任务和需要完成的工作	
按时完成所有工作，不依赖于他人帮助	
在小组工作中谦恭地听取他人意见，对他人的工作产生贡献，与他人相互协作且对小组工作提供积极的帮助	
常常收集和研究信息并与小组成员分享	
自我满意度	

表 6 “知开捕”作品评价表

评价内容	自评点鲸	互评点鲸
图例信息		
构图设计		
讲解员讲解		

学生档案袋材料收集：开捕节信息思维导图；两张评价表；计划表；获奖徽章。

在本次项目活动的实施过程中，学生的每一步活动都是从问题出发的，只有产生了“问”才有去“解”的动力。学生的问如何来？从生活经验中来。嵊泗开捕节不止一地举办，各个岛都有各自的开捕节活动，学生可以参加并对比各个小岛不同的开捕节活动。教师以表格的形式让学生进行课前探索和资料整合，以此引发学生思考，既激发了学生对本土文化的热爱和好奇心，又引导学生对开捕节的时代变化、区域变化进行想象，帮助学生进一步了解开捕节。

项目二：观开捕——出航！新的捕鱼季

1. 设计意图

“观开捕”要求学生在参观开捕节活动后将自己的活动感受用美术的形式表现出来。经历了开捕节的活动，参观了风俗馆，学生一定会有很多感受，那么该怎么将自己的感受保留下来呢？开动脑筋，试一试完成一个开捕节的场景创作吧！学生以小组合作的形式展开创作，探讨可利用的美术材料及工具。

在完成开捕节场景创作的过程中，学生将自己的所思所感通过美术的形式表现出来，在团队合作中学会合作，感受集体创造的乐趣。

2. 课时安排：3 课时

情境设计：码头锣鼓喧天，人们为一艘艘出海征浪的渔船加油打气！同学们，参加了开捕节的盛大活动之后，你们有什么感想吗，将你们的所思所感通过美术的形式表现出来吧！

主要关联技能：思维能力（分析、评价）。

主要关联学科：美术、劳动教育。

项目目标：①能够制订创作计划，合理安排创作流程和人员。

②能够综合利用各种美术材料进行场景设计。

③细心观察，表现出开捕节的场景特点。

材料准备：

①教师：卡纸、黏土、颜料等美术工具；吸管、麻绳等综合材料。

②学生：自己收集的各种废弃材料。

作品结果表现方式：开捕节绘画及立体场景。

驱动问题：如何用美术的形式来表现开捕节的盛大场景呢？

3.活动过程

(1)制订计划

①学生小组内交流自己的活动感想，提出可行的创作建议并制作计划表（表7）。

表7　创作计划表

任务内容	
主题场景	
预计使用材料	

②学生分小组确定创作内容，制订创作计划。

计划要求：确定创作主题及创作形式；规定创作步骤及进程，合理分工。

(2)交流互动

学生在班级群组内分享自己的创作计划，根据学校现有材料修改创作计划。

教师活动：根据学生的开捕节思维导图，帮助其提炼出可行的创作主题；根据学校的现有材料，帮助学生修改拟订的创作计划。

(3)分小组完成创作计划，完成作品

利用学校现有材料及学生收集的废弃材料，小组分工完成美术作品。

教师活动：教师根据学生的创作情况，随机辅助学生进行活动。

(4)小组交流

班级内交流展示创作的开捕节场景，互动评价；学生根据班级内的活动展示获得的反馈，进行作品修改。

教师活动：教师引导学生认真倾听别人发言，发现自己的不足，吸收他人的优点，对作品进行修改。

(5)学习展示

每个小组派选成员以张贴、陈列的形式进行最终作品展示。各班同学参观，并听讲解员进行作品讲解，以投票的方式选出“让你‘鲸’艳”的开捕节作品。

教师活动：在学生参观的过程中，教师引导学生表达“让你鲸艳”的开捕节作品是否能够表现出开捕节的场景，有没有海洋的特色。

项目评价：①为“让你‘鲸’艳”的开捕节作品颁发奖状(学生互评、教师评价)。

②完成“观开捕”作品评价表(表 8)。

表 8 “观开捕”作品评价表

评价内容	自评点鲸	互评点鲸	师评点鲸
整体构图完整，尝试设计立体造型			
色彩搭配和谐，能够表现出海洋特色			
综合运用材料，有效利用生活中的废弃材料			
讲解清晰有条理，能表达出核心主题			

学生档案袋材料收集：开捕节场景作品及照片；作品评价表；创作计划；获奖奖状。

人的记忆保存的时间是不固定的，因而人们选择用文字与图片将一些记忆保存下来，同样，学生也将自己的感受以作品的形式保留下来。五年级美术课程“泥娃娃”和“吹吹打打”激发了学生对泥塑的热情，学生尝试将开捕节和泥塑结合在一起，创作一个泥塑版开捕节。小小的泥人承载了学生对家乡的美好祝福。同时，其他小组的同学也以绘画和制作立体作品的形式表达自己对开捕节的美好祝愿。

项目三：剪开捕——剪花样，做周边

1. 设计意图

“剪开捕”要求学生能够运用剪纸技艺，创作一个具有开捕节特色的剪纸花样。并鼓励学生探索嵊泗网红周边产品，将剪纸花样设计成具有嵊泗风味的周边作品。

在创作剪纸花样的过程中，学生增进了对开捕节的理解，丰富了对家乡渔风渔俗的体验，体会设计制作周边产品的乐趣，领会美术在生活中的创意运用。

2. 课时安排：3 课时

情境设计：渔港渔船列阵，雄赳赳气昂昂地等着奔赴东海的“战场”，所有人仿佛都看到了丰收的画面。同学们，拿起剪刀，为这个盛大的场景制作一个剪纸花样吧！

每年夏天结束之际，无数游客来到嵊泗参加开捕节，带走美味的第一捕海鲜和各色周边，将你们的剪纸作品制作成纪念品赠送给游客们吧！

主要关联技能：思考技能（分析、评价）、综合运用技能、创新技能。

主要关联学科：美术、劳动教育。

项目目标：①能够根据开捕节的特色和本土剪纸的艺术特点，设计一个展现开捕节场景的剪纸花样。

②能够联系生活，关心家乡旅游，探索周边产品的制作。

③提高沟通能力，热情服务大众。

材料准备：①教师：剪纸绒布、纸样、相框、T 恤衫、明信片、书签等材料。

②学生：剪纸剪刀、美术绘画工具。

作品结果表现方式：开捕节剪纸花样、周边产品。

驱动问题：如何在剪纸花样上表现开捕节的特色？

3. 活动过程

（1）制订创作计划

①学生小组内交流自己参加开捕节的活动感想，提出创作开捕节剪纸

花样的建议。

②学生小组确定自己的创作内容，制订创作计划。

计划要求：确定剪纸花样创作主题；规定创作步骤及进程，合理分工。

交流互动：学生在班级群组内分享自己的剪纸花样创作计划，并根据其他小组的建议进行修改。

教师活动：根据学生的前期活动，帮助其提炼出可行的创作主题。

(2)分小组完成创作计划，完成作品

利用学校材料，小组分工完成剪纸作品，创作流程如图 2。

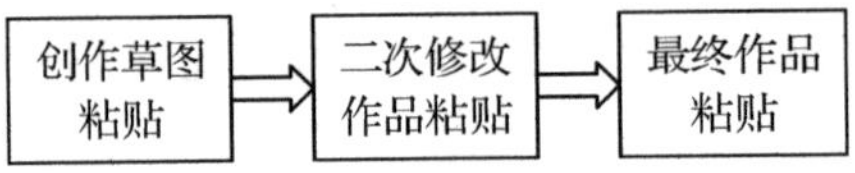

图 2　创作流程

教师活动：教师根据学生的创作情况，随机辅助学生进行剪纸活动。

(3)小组交流

①班级内交流展示创作的剪纸花样作品，小组间互动评价。

②根据班级内的展示活动中获得的反馈，进行作品修改。

教师活动：教师引导学生认真倾听别人发言、学会等待，引导学生发现自己的不足，吸收他人的优点，对剪纸作品进行修改。

(4)探究拓展

①各小组分享自己平时逛特色店的感受，讨论剪纸花样的实际运用效果，并制订市场调研计划(表 9)。

表 9　市场调研计划表

调研产品	
产品价格	
日销	
客户评价	
……	

②分小组进行市场调研，确定可行的周边制作方向。

③利用学校现有美术材料，制作一个可供赠送或售卖的周边产品。

教师活动：教师根据学生的生活体验，引导学生确定几个可供参考的周边产品，并进行市场调研，确定最终产品方向。

（5）班级交流

①班级内交流展示创作的周边作品，小组间互动评价。

②根据班级内的展示活动中获得的反馈，进行作品修改。

教师活动：引导学生思考自己制作的周边产品是否适合贩卖或赠送，根据小组发言总结优缺点并进行修改。

（6）学习展示

①每个小组派成员以走秀的形式进行最终作品展示。

②各班同学参观，听讲解员进行作品讲解，并以投票的方式选出“让你‘鲸’艳”的周边作品。

教师活动：在学生参观的过程中，引导学生表达“让你‘鲸’艳”的周边作品好在哪里，是否有运用于周边成品制作的可行性。

项目评价：①为“让你‘鲸’艳”的周边作品颁发奖状（学生互评、教师评价）。

②“剪开捕”作品评价表（表10）。

表10　“剪开捕”作品评价表

评价内容	自评点鲸	互评点鲸	师评点鲸
剪纸作品构图			
元素体现			
周边作品整体造型			
学生讲解			

学生档案袋材料收集：开捕节元素剪纸花样；周边样品或照片；作品评价表；获奖奖状。

剪纸作为我校的艺术特色之一，一直受到广大学生的欢迎，在舟山市海洋剪纸非遗传承人陈士定老师来我校开展剪纸课堂之际，参加项目活动的学生也提出了新的问题——能不能将剪纸与开捕节融合起来，通过设计剪纸图样来宣传开捕节活动？基于五年级美术课程“适合纹样”和“生活中的民族纹样”，学生结合自己的思考和创新，设计出了具有特色的开捕节纹样，将纹样以剪纸的形式呈现出来。同时学生也在思考，剪纸作品具有的宣传性和商业性可能不够强，直接售卖或赠送给游客会使宣传的效果不佳，能不能将剪纸作品二次加工，呈现在其他物品上。学生想到了现在很火的IP周边，可以尝试将剪纸设计成其他周边产品比如T恤衫、书签、明信片、手机壳等进行销售。

(三)第三阶段：项目总结

项目名称：宣开捕——嵊山开捕节出名啦！

1.设计意图

“宣开捕”属于综合探索性质的项目。“观开捕”和“剪开捕”两个项目主要是让学生动手创作一些美术作品和周边产品，而“宣开捕”则需要学生联系生活，融入社会，将自己在项目活动中学到的知识向其他人进行宣传。在这一活动中，学生要学做策划人，学习举办一个全校性的活动，从撰写方案到活动前期准备工作到最后的活动举办需要学生全程投入。

2.课时安排：2课时

情境设计：开捕节虽然结束了，但是同学们的热情依然不减，要不要试着在学校里举办一个小小开捕节的发布会，让更多的老师、同学还有家长了解开捕节呢？

主要关联技能：思考技能(分析、评价)、综合运用技能、创新技能。

主要关联学科：美术、劳动教育、语文、信息技术。

项目目标：①能够根据作品形式发挥创造性进行展示布置设计，并在学校专用教室进行展示。

②能够利用自媒体平台进行活动宣传。

③能够设计一个活动方案并付诸行动。

④大胆表现，自信展示，向大众宣传小小开捕节。

材料准备：①教师：横幅、电子屏等宣传窗口；4开卡纸、海报架；学校自媒体平台。

②学生:学生活动作品;美术绘画工具;视频拍摄工具。

作品结果表现方式:小小开捕节活动发布会。

驱动问题:如何用自己的方式宣传开捕节,让更多人了解开捕节呢?

3.活动过程

(1)制订计划

①学生在小组内交流自己经过3个项目之后的活动感想,对开捕节的现状进行思考,并对开捕节的宣传形式提出可行的建议。

②学生分小组确定开捕节的宣传形式,并决定先在学校内举行小小开捕节进行实验。

③学生参考学校往年的各种活动制定活动方案。

方案要求:确定活动主题、活动目标和活动形式;制定活动方案,小组合作,合理分工。

教师活动:教师展示学校曾经举办的各种活动方案及活动过程,为学生提供材料支持和活动思路。

(2)交流互动

①学生在班级群组内分享自己的活动方案,通过小组互评,发现自己的不足,并根据各组成员的反馈进行修改。

教师活动:教师根据学生的交流情况进行引导,学生大胆创想、头脑风暴,吸收他组长处。

②收集各组的活动方案,形成活动方案集。

③小组互评,根据修改稿,投选出最终的小小开捕节活动方案并实施。

教师活动:教师及学校领导进行方案审核,确定最终活动方案。

(3)分小组进行活动前期的准备工作

①利用学校现有材料分小组进行活动准备。

a.自媒体宣传组:利用学校微信平台及视频平台,拍摄推广视频并投放。

b.海报宣传组:绘制宣传海报(电脑绘制或手绘),将宣传海报投放至电子屏及在学校显眼处放置海报架,让更多人了解小小开捕节的活动信息。

c.展示设计布置组:根据学生作品形式进行展陈布置。

d.文案、演讲稿撰写组:根据项目实施过程中的活动感受撰写发言稿及宣传文案。

②小组交流展示准备进度。

教师活动:教师根据学生的活动情况,随机辅助学生进行活动。

(4)小小开捕节活动开展

①小小开捕节活动开幕,校长致辞,学生发言。

②学生展示本次项目式学习活动的成果,并进行展演。

③可对活动进行现场直播、视频拍摄。

教师活动:教师根据学生的活动方案,辅助学生展开活动,提供广播及直播的设备支持。

(5)活动总结

①总结活动,并对活动进行报道。

②将本次活动的照片、学生的成果作品制作成纪念册赠送给老师、家长以作纪念。

教师活动:教师辅助学生完成纪念册的资金申报及设计制作。

③各小组进行交流,分享本次活动的感受。

项目评价:①为小小开捕节活动颁发奖状(学生互评、教师评价)。

②完成“宣开捕”活动评价表(表11)。

表11 “宣开捕”活动评价表

评价内容	自评点鲸	互评点鲸	师评点鲸
自主参与且始终专注于任务和需要完成的工作			
按时完成所有工作,不依赖他人帮助			
与他人相互协作且对小组工作提供积极的帮助			
常常收集和研究信息并与小组成员分享			

学生档案袋材料收集:小小开捕节活动纪念册、活动评价表、获奖奖状。

该项目活动最能体现的是学生与人交流、与小组合作的能力。项目化活动中学生分组，每组中的学生都需要在活动中出力，他们有的制作视频，有的绘制海报，有的制作门票。此外，本次活动涉及一些关于学校大型活动举办的专业知识，而这一部分对学生的要求比较高，需要五至六年级的学生作为活动主力，进行领导。

交流反思：①收获：教师引导学生谈谈对这次项目式学习的感受和收获。

②反思：引导学生回顾自己在这次项目式学习中的优点及不足。

五、项目成效

“开捕彩剪”这一项目让学生从收集开捕节的信息、参加开捕节开始。通过体验开捕节，学生对项目的实施会更有真实感，并在大脑中留下了深刻印象，可以随时回想起曾经亲身感受过的经历。也正是因为有了这样的体验，宣传开捕节的必要性就真真实实地印在了孩子们的脑中。最后学生策划举行了一个小小开捕节，学生利用自己的智慧与能力，通过科学的调查研究等活动渐渐投身到宣传家乡海洋文化的行列中，意识到在实际生活中爱护海洋资源、传承乡土文化的重要性，将渔俗文化深深刻在心中。

“我爸爸就是渔民，开捕节结束后他就出海捕鱼了，要很久才能回来。”“我看见很多游客在买我们嵊山的特产，但是有些人觉得味道太重，想要其他方面的纪念品。”……这些来自学生的真实表述，无不体现出“开捕彩剪”项目目标中所提出的保护海洋生态环境、传承传统渔风渔俗、创新发展传统渔艺的概念。这些理念渗透在学生的日常生活中并得以深化，由外延的知识学习上升到了情感的升华，进一步与学生的真实生活相融合。项目式学习除了培养学生在思维和探究等方面的能力之外，更重要的是从意识形态和情感态度上对学生施加潜移默化的影响。

第二节 "一'器'去考古"项目式学习设计案例

文明之火从古至今生生不息、燎原寰宇，而揭开文明帘幕的光阴使者之一就是考古学者。考古学者将尘封的历史揭示出来，通过考古工作课挖中华民族历史、展示中华文明瑰宝。但考古工作本身是非常乏味枯燥的，为保护每一件文化古物，考古学者需要具有万分耐心和细心。那么考古项目对于学生来说，又有哪些特殊的意义呢？可以通过研学、考古帮助学生穿越时空和古人对话。通过项目活动，学生习得考古知识，锻炼考古思维，还原中华文化，塑造正确的历史观，争做文明的守护人。

一、项目背景

面对尘封的历史，每一个遗址的发现过程都是一次与古代智慧的无声对话过程。2021年度浙江考古十大重要发现有宁波慈城胡坑基遗址、舟山嵊泗黄家台遗址、余杭瓶窑北村遗址、宁波镇海吕岙遗址、余杭径山小古城遗址、绍兴兰亭野生动物园一期墓地、安吉考丰摘帽山墓地、杭州余杭跳头遗址、杭州富阳新登古城遗址、温州文城遗址等，嵊泗的黄家台遗址位列其中。而"一'器'去考古"项目正是在这样的背景下实施的项目活动。

近年来，考古知识的普及、传播已经成为主流媒体和社会关注热点，一批优质的考古纪录片《中国考古探秘》《又见三星堆》《海昏侯》等揭开了考古的神秘面纱；以《国家宝藏》《鉴宝》为代表的大型综艺节目，在中小学生中风靡；越来越多的家长愿意带着孩子走进博物馆，利用3D光雕、影像互动等数字光影技术了解文物。遥远清冷的考古以平常姿态走进大众的视野，"考古"成为孩子们关心关注的话题。在这样的大环境下，本项目以2021年9月9日三星堆公布新一轮考古大发现这一真实情境为引线，开启考古项目解密之旅。让考古走近中小学师生，让考古真正走向公众。

二、项目框架

本项目遵循四个原则：以真实情境激兴趣；以考古经历促探究；以驱动问题促思考；以真实任务促创作。本项目的入项活动以新闻事件——三星堆考古新发现为引线，引出驱动问题：三星堆出土的陶猪竟然和现代某游戏中的绿猪如此相像，两者有联系吗？在学生天马行空的猜测中，引出项目的任务——到底是穿越还是其他原因，我们要从文物的本身去寻找答案，让我们带着疑惑一起去考古吧！时空穿越是学生十分感兴趣的话题，能激发他们的探究欲望，从而调动学生的主观能动性。

本项目适用于小学五至六年级学生，建议用时 8 个课时，融合美术、信息技术、语文和综合实践学科开展项目活动。项目框架如图 1 所示。

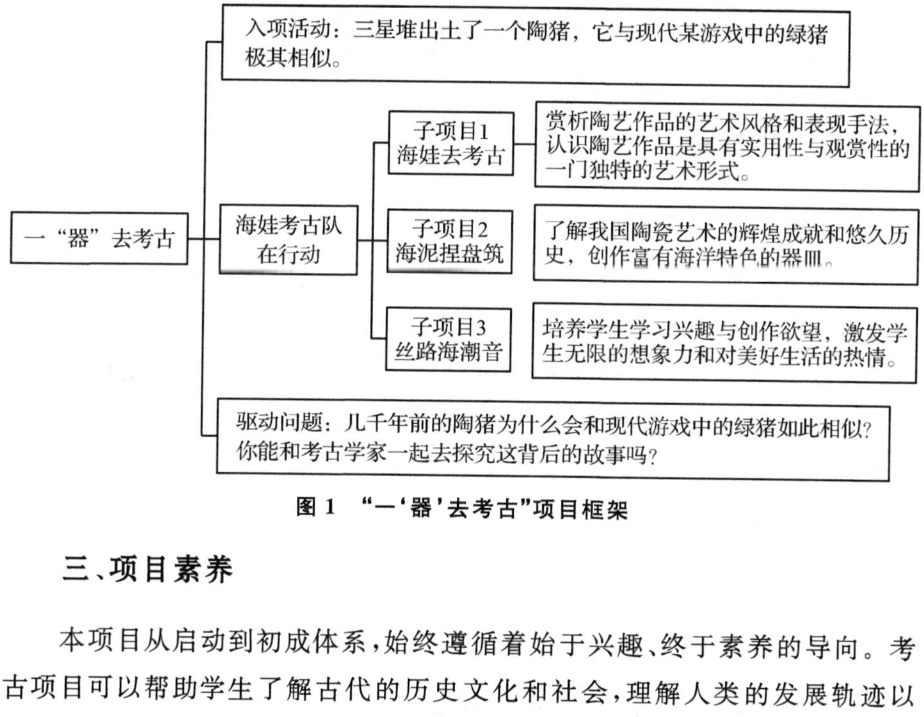

图 1　“一‘器’去考古”项目框架

三、项目素养

本项目从启动到初成体系，始终遵循着始于兴趣、终于素养的导向。考古项目可以帮助学生了解古代的历史文化和社会，理解人类的发展轨迹以及现代社会的本质，感受考古学者的工作环境和工作内容，了解他们面临的挑战和解决问题的方法；能扩宽学生的眼界，激发学生学习兴趣，促使学生积极主动地探索未知，主动参与学习；可以培养他们的探究精神、创新意识和团队合作能力。通过多样的实践活动，引导学生将所学所感联系生活实际，形成正确的价值观和清晰的人生规划，以在未来实现对文化的传承和弘扬（表 1）。

表 1　核心技能及其具体指向

核心技能	具体指向
鉴赏能力	赏析陶艺作品的艺术风格和表现手法。认识到陶艺是具有实用性与观赏性的一门独特的艺术形式
创造能力与问题解决能力	运用项目式学习的方法解决系列问题
手工制作能力	能熟练运用美术材料和工具创作作品
合作意识	小组成员共同探究、分享
信息技术的掌握	查阅网络资料、完成学习单
组织协调能力	小组自主学习、探究安排的合理性

四、项目实施

（一）第一阶段：项目启动

1. 设计意图

由三星堆出土的陶猪引发学生猜想，提出让学生从文物本身去寻找答案的建议，从而组建海娃考古队，开启项目。学生通过对陶片的探究了解新石器时代陶瓷艺术的器型特点、纹样、历史背景等基本知识，提高自身分析问题、解决问题的能力。同时感受考古工作的艰辛和考古的意义，正确认识国家考古事业。

2. 课时安排：课内活动 80 分钟

3. 活动过程

（1）活动一：新闻播报引猜测

播放新闻片段，伴随三星堆遗址考古新发现的揭晓，人们再一次把目光聚集于这片神奇的土地。自 1986 年三星堆遗址 1、2 号“祭祀坑”相继被发现，人们对它的讨论便从未停止。2021 年 3 月份“祭祀坑”又出土大量震撼人心又富有神秘色彩的文物，更是引发大量猜测。你对三星堆出土的文物有了解吗？请和大家分享一下。

(2)活动二：三星堆出土的陶猪引思考

师：几千年前新石器时代的陶猪竟然和现代游戏中的绿猪如此相像，它们之间有联系吗？它们如此相似可能是因为什么？谁能猜测一下？

总结：到底是穿越还是其他原因，我们要从文物的本身去寻找答案，今天就带着疑惑一起去考古吧！出示课题"一'器'去考古"。

(3)活动三：开启时空隧道去考古

①了解考古，教师利用多媒体出示进行考古工作时的图片(图2)。

提问：他们在干什么？从这张图片中，你能发现作为一名考古工作人员需要注意些什么吗？

师总结：考古的意义，并不只是为了获得惊世文物，而是要厘清这些遗址和文物背后整个中华民族文明的发展脉络。这是对中华文化最大程度的解读、还原和传承。

图2　考古工作场景

②模拟考古，分小组研究陶片，根据陶片花纹开展小组探究，完成考古报告。

师：接下来，让我们一起乘坐时空飞船，穿越到几千年前的新石器时代吧！在这里，我们找到了一些碎陶片，请开始考古吧！教师出示"陶器大揭秘"学习单(表2)。

表 2 “陶器大揭秘”学习单

器名		推测年代	
所在流域		出土时间	
出土地址			
质料、颜色			
纹饰			
尺寸			

③召开陶器推介会，小组汇报陶瓷的造型、纹样、功能等信息。

师：从同学们的汇报中，我们不难发现，黄河流域的仰韶文化、马家窑文化和长江流域的河姆渡文化、良渚文化出土了较多的陶器。从这张表格（表 3）中，你能读出什么信息呢？

表 3 陶器资料

流域	遗址	陶器
黄河流域	仰韶文化距今 5000—7000 年	人面鱼纹彩陶盆、彩陶船形壶
	马家窑文化距今约 5000 年	彩陶旋涡纹尖底瓶
长江流域	河姆渡文化距今约 7000 年	猪纹陶钵
	良渚文化距今 4000—5300 年	三足陶鼎

④学生分组讨论，反馈信息。

师总结：早在几千年前，我们的祖先就在此生产劳动，黄河、长江是华夏文明的起源，是中华民族的摇篮。

活动四：刻刻印印展魅力

步骤一：了解版画工具。

步骤二：刻一刻吹塑板，尝试点线面的组合。

步骤三：印一印，感受陶器的纹样美。

步骤四：展示学习成果，师生给出评价（图 3 为部分优秀学生作品）。

图 3　学生作品

(二)第二阶段：项目过程

1. 设计意图

欣赏鹳鱼石斧图彩陶缸，运用探究式的学习方法，学生学习用泥片、泥条和泥球等制作陶罐陶器，激发学生自身的想象力和创造力。通过小组实践探究，了解陶罐在海岛上的主要用途。

2. 课时安排：课外 40 分钟、课内 40 分钟

3. 活动过程

(1)活动一：寻找国宝的秘密

师：在这片土地上，还埋藏着很多国宝。今天老师带来的这一件，它在 2003 年被国务院确定为 64 件不可移动的国宝之一，现收藏于中国国家博物馆，它就是中国仰韶文化时期的彩陶——鹳鱼石斧图彩陶缸。请同学们仔细观察鹳鱼石斧图彩陶缸，你们看到了什么图案？

学生互动回答：鹳、鱼、石斧。

师补充：鹳鱼石斧图彩陶缸质地为朱砂红陶，它高 47 厘米，缸口直径 32.7 厘米，底部直径 19.5 厘米，它的口沿下有几个鹰嘴形的突钮。

师：对于这件国宝，同学们还有什么想了解的？

学生小组讨论后反馈：

问题 1：图案背后有什么故事或意义？

问题 2：这个陶缸有什么用途？

(2)活动二：观看视频，了解陶缸图案的故事以及作用。

师：仰韶文化陶器上的图案一般以装饰纹样为主，描绘具体物象的极少。看，刚才我们探究的人面鱼纹彩陶盆就有较完整的人脸和渔网等图案，而鹳鱼石斧图彩陶缸上的图案更大，也更精致，这些图案有什么故事吗？陶

缸又有什么用途？让我们一起跟着国宝档案，去寻找答案。

……

师：现在你们又获得了哪些信息？分享一下。

师：基于这些信息我们是不是对鹳鱼石斧图彩陶缸中遗骨的身份产生疑问了呢？

师：由于年代久远，现在已经无法知道死者的身份，只能根据陶缸上图画的特性推测出死者可能是当时氏族部落首领或是其他地位较高的人。考古是一件神秘又长期的工作，我们国家需要一批热爱考古的学者，去不断挖掘，进一步研究，通过不会说话的文物还原历史。现在，你又有什么想说的吗？（致敬、传承）

(3)活动三：制作有家乡特色的陶器

实地考察：家乡的哪些地方有陶器的身影？

师：新石器时代，森林中有一堆篝火"舔"红了垒起的陶泥，泥土变得坚硬，我们祖先的手中终于出现了第一个可以蒸煮、储存食物的器具——陶器。这种古老的器具一直沿用至今，我们的生活中也还有它的身影，下面来看看同学们的调查结果。

组1：这是我们小组在社区文化大礼堂拍摄的一张陶罐照片，它被画上了缤纷的色彩，普通的酒罐变成了一个有魅力的装饰。

组2：我们小组在嵊泗旅游网站上找到了一张图，在黄龙乡一间民宿的外墙上，陶罐变身成一面艺术墙。

组3：我们小组在外婆家找到了还在使用的大水缸，外婆说大水缸结实耐用，已经有几十年的历史了。

组4：我听妈妈说，以前我们渔家人都是用这种陶缸腌鱼、腌菜的，特别好用。

师：每一件物品都有它存在的意义，陶器不仅给我们的生活带来了便捷，提升了我们的生活品味，更能为未来的人们留下我们海岛的故事。今天，我们就要来设计一个饱含家乡故事的陶器。

(4)活动四：泥片变变变

教师出示陶器，学生分析造型学习制作方法。

师：看，在我们的桌上只有一些泥片，你们知道泥片是如何变成陶器的吗？

步骤一：教师演示泥片变泥条和泥球的方法。

步骤二：教师欣赏优秀学生作品。

步骤三：教师布置任务——用陶泥制作一个有家乡特色的陶器。

步骤四：小组合作完成陶泥作品，分组展示并介绍（图 4 为部分陶器作品）。

图 4　陶器作品

（三）第三阶段：项目总结

1. 设计意图

探寻家乡考古遗址，用自己喜欢的形式记录与保护这一海岛文化的瑰宝。

2. 课时安排：课外 40 分钟、课内 40 分钟

3. 活动过程

师：国外学术界一直认为中国只有不到 4000 年的文明发展史，但是杭州的良渚遗址有力地证明了 5000 前中国已经出现了城市文明形态，这就是考古的价值所在！那么，我们的家乡嵊泗有没有考古的价值呢？

（1）学生分组进行实地考察，完成海娃考古队活动方案（表 4）。

表 4 海娃考古队活动方案

海娃考古队考古活动方案			
时间		地点	
探究目标			
小组分工			
我的探究结果			

(2)小组汇报,以家乡考古遗址模拟讲解秀展示探究结果。

项目评价:从文本、参与度、表达能力、形象风度和肢体语言五个方面对考古遗址模拟讲解秀进行自评和互评。

五、项目成效

新时代所需要的人才是能自信面对未来各种挑战、坚持终身学习的人,这就要求教育转向“真实”,鼓励学生在解决真实问题的过程中进行实践学习,从而培养出当下时代所要求的多种高阶能力。本项目以海岛考古项目为依托,以驱动问题引发深度思考,激发学生兴趣,完成真实任务,创作海洋美术作品。

“一‘器’去考古”项目的驱动问题,以近年来的考古界重磅新闻事件——三星堆考古又一新发现为引线,以神秘的穿越话题为依托,悄无声息地将学生“带回古代”,激发出学生的学习热情,驱动其自主参与项目式学习。教师以真实的学习任务调动学生的创作欲望,在“为未来留下有故事的陶罐”的真实任务驱动下,学生用一根根泥条、一个个泥球、一片片泥片筑起了自己心中的陶罐。在这里,陶艺的技法已不是那么的重要,学生用自己喜欢的方式,或刻画鱼虾图案,或盘成鱼形陶器,或刻下文字,表达着对家乡的印象和热爱。"一'器'去考古"项目式学习最终需要重新回到真实具体的生活情境,因为知识就是生成于真实的生活情境中的。基于以上理论,在"你的家乡有没有考古价值"问题的驱动下,各小组选择家乡有价值的考古基地,用笔和镜头记录家乡的历史。

"纸上得来终觉浅,绝知此事要躬行。"乍看浅显易懂的理论,想要在教育教学中充分落到实处却并非易事。教师在实施过程中,必定要边做边学、抓住项目式学习的实施要点,最终实现真实学习的教育目标。

第三节　"海韵乡桥"项目式学习设计案例

浙江省嵊泗县地处杭州湾以东、长江口东南,是浙江省最东部、舟山群岛最北部的海岛县,全县由404个大小岛屿组成,其中有人居住的岛屿仅有十多个,交通非常不便,经济也相对落后。自2000年起,政府先后建造了起到实质的推动作用的金青大桥和三礁江大桥,改善了县内岛际交通,实现了县内"半小时交通经济圈",为小岛乡镇经济社会全面发展奠定了基础。

2005年,东海大桥的建成贯通,又为本县海洋经济的大力开发,以及小岛乡镇全面接轨嵊泗本岛乃至上海、对接长江三角洲地区营造了有利条件,为嵊泗县打造渔业经济区、旅游业发展区,推进经济结构调整,加快经济社会发展插上了腾飞的翅膀。

一、项目背景

(一)项目缘起

"一桥飞架南北,天堑变通途。"嵊泗的三座大桥有的连接了不同岛屿,有的连接了岛屿和大陆,都起着举足轻重的作用,给海岛的交通、旅游、经济、生活带来了天翻地覆的变化。但是嵊泗还有很多偏远小岛,因交通闭塞、经济相对落后,鲜少有人愿意居住,甚至逐渐变成一座老人岛或者无人岛……而且县区本岛至今还没有直接通向大陆的桥,台风、冷空气、风浪等各种恶劣天气会导致船舶停运，给岛上的居民生活乃至各行各业发展造成各种不便。

让嵊泗本岛尽快连接大陆是每一个海岛人的美好心愿。因此，组织学生开展“海韵乡桥”项目式学习活动，能帮助学生更深入地了解家乡的交通现状和交通发展过程，探寻家乡未来的交通发展规划，引导学生关注民生实事，关注社会建设，树立主人翁精神。

桥不仅仅象征着沟通、连接，更是广大劳动人民智慧和勤劳的结晶。桥梁作为一门独立的学科，其内容综合了力学、美学、建筑学等诸多学科知识。通过调查研究家乡的桥，学生了解家乡桥的结构特征、建筑特色及历史文化，培养了社会意识、责任意识，营造爱桥护路的良好风尚；通过网络搜索，学生探究桥文化、桥的发展史、桥的种类、桥的造型特点等相关知识，提高了信息搜集与整理能力、自主学习能力；通过走进社会、调查访问桥的建造过程与方法、撰写调查报告，学生培养了沟通能力、调查研究能力；通过为家乡设计建造有海岛特色的桥等活动，学生发展了设计应用能力、实践操作能力等，进而培养热爱家乡、热爱海洋、热爱祖国的思想感情。

通过寻桥、探桥、塑桥、悟桥这一系列项目式学习活动，学生所学的知识得到综合应用，在活动中提高欣赏美、创造美的能力，自主活动能力，以及合作探究能力。

(二)课程价值

①通过实地考察，了解三座大桥的地理位置、建筑特点和建造意义等相关内容，感受家乡日新月异的变化和发展，培养学生热爱家乡的情感。

②通过资料查阅、采访等多角度学习探究，感受我国深厚的桥文化，体会祖国建桥技术的精湛和飞速发展，从而激发出强烈的民族自豪感和爱国情怀。

③学生通过了解家乡的桥、探究桥的相关知识、为家乡设计建造桥，感受桥梁工程的复杂和伟大，养成关注民生实事、关注社会建设的习惯，树立主人翁精神。

④学生通过感悟桥的意义，理解桥沟通、联系、过渡、连接、转换的象征意义，从对桥的实际功能的认识上升到对桥的文化理解。

⑤通过本次项目活动学生锻炼了组织统筹能力、沟通交流能力、调查研

究能力、设计应用能力、实践操作能力等,增强了团队合作意识,增进了同学间的友谊和情感。

二、项目框架

海岛时常因为天气原因出现各种出行不便的问题,这是每个岛民心中的痛。从学生切身的经历和感受,引出活动内容,确定活动主题,围绕项目主题展开问题设想,分析、设计、生成研究子项目,制定项目方案,明确项目任务。通过探索海岛交通资源——“家乡的桥”的实用功能,提炼感悟“心中的桥”的隐含意义,提升学生的文化理解能力,引导学生表达深层丰富情感,在教学中融入情感教育、生命教育,培养学生的人生观、价值观、世界观、发展观,以“发现、探索、感知、创新”为目标,以发展学生核心素养为宗旨,构建本次课程的框架(图 1)。

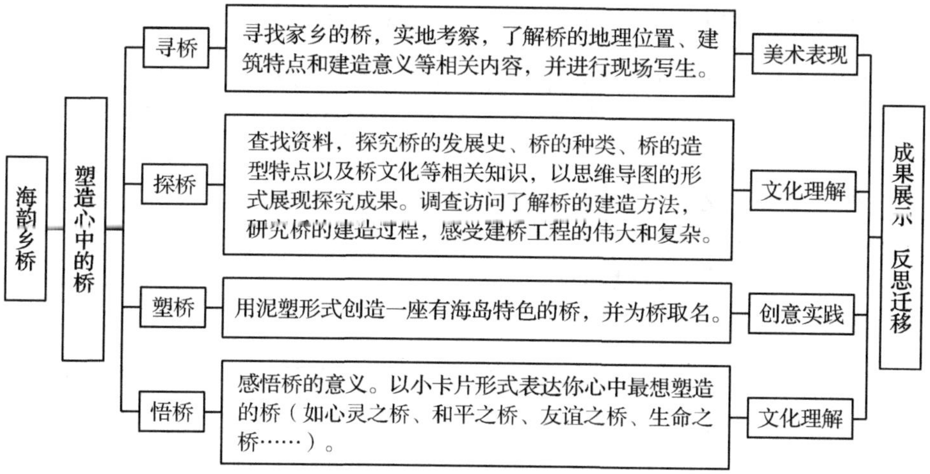

图 1　“海韵乡桥”课程框架示意图

三、核心素养及能力

本课程根据学生发展需求,遵循美育教育的特点,立足美术学科人文性特征,充分利用海岛本土资源,营造美育环境、培育美术素养和弘扬海洋文化,让学生通过项目式学习活动在实践中体验,在体验中创新,在创新中成长,获得思维的碰撞、概念的生发,得到综合素养的提升,并重点培养以下几种能力。

表1　核心技能及其具体指向

核心技能	具体指向
形象思维	了解美术写生、泥塑等艺术形式,对场景做一定的画面取舍和构图,掌握写生技能;了解泥塑基本成型方法,合理表现桥的结构特征
创造能力与问题解决能力	运用项目式学习的方法,解决"塑造心中的桥"的系列问题
跨文化理解	在学习与创作过程中,理解桥的作用,感悟桥的意义与文化价值
沟通能力	与他人分享桥的相关知识;走进社会,向相关部门访问目前在建的桥的相关信息;以卡片寄语表达心中最想塑造的桥
信息技术的掌握	查阅网络资料,学习桥的相关知识
自主规划和自主学习	小组自主学习、制定方案、探究安排的合理性

四、项目实施

(一)第一阶段:项目启动

1. 设计意图

舟山市岱山县舟岱大桥的建成通车,给岱山人民生活带来了巨大转变,与嵊泗的交通现状建立联系和对比,唤醒学生真实的情感体验,使学生产生感触,引发探究欲望,进而激发学生主动投入、主动思考,激活学生学习思维。

2. 课时安排:1课时

3. 活动过程

(1)创设真实情境

2021年12月29日,舟岱大桥建成通车,彻底结束了岱山孤悬海上、只能依靠舟楫往来的历史。舟楫相渡自兹去,舟山从此成"半岛"。如今,昔日名不见经传的偏僻海岛渔村,来了个华丽转身。舟岱大桥激活了岱山海岛资源，打开了向海图强、向海开放的新空间，给岱山各行各业的发展带来巨大利好。随着宁波舟山港主通道连接起舟山跨海大桥，舟山连岛高速公路总建设里程跨越8个岛屿，拥有8座大桥，成为我国最长的连岛高速公路和规模最大的跨海桥梁群。

问：了解了舟岱大桥的故事，你有什么感想？特别是老家在偏远小岛的孩子，你们又有什么感想？

师总结：嵊泗如果也能像岱山一样连通大陆，那么我们就能驾车出岛，出行更快速、便捷，我们的家乡也会变得更好……

师：今天，就让我们一起加入“海韵乡桥”这个美术项目化课程，化身小小桥梁设计师，一起为家乡来研究、设计、建造一座独一无二的桥吧！

(2)提出驱动问题：如何为家乡设计、建造一座独一无二的大桥？

(3)确立项目主题。开展讨论，进行问题设想，分析设计、建造大桥需要考虑的因素，围绕项目主题生成研究子项目，制定项目方案，明确项目任务。

(4)成立项目小组

①由美术专业社团学生组建项目学习小组。教师建议学生选择自己最熟悉、最喜欢或最容易获取相关信息的大桥进行研究学习，组建三个学习小组。

②每组选出组长，组员根据自己的特长、爱好选择合适自己的任务。每组在探究和创作过程中有不同的任务和作品要求，根据任务和作品需求制订阶段调查计划、确认采访对象、设计采访问题、设计探究学习单。

(二)第二阶段：项目过程

实施环节是整个项目式学习活动的关键，这一过程是学生不断探究问题、解决问题、再生发问题的过程，本次项目活动的探究过程分为“寻”“探”“塑”“悟”四部分，即学生通过观察记录、探究学习、设计塑造、理解感悟这四个环节实现知识与技能的提升。每一次探索都会有成果和评价的呈现。通过综合实践活动的形式对家乡的桥进行调研，在建立认知与激发情感的基础上，确定创作的具体内容和表现技法，让作品体现嵊泗海岛的地方特色。

第一环节　寻桥

1.设计意图

通过实地考察，学生近距离了解、感受家乡的桥的地理位置、结构类型、造型特点，用摄影、写生的方式表现考察结果，为后期制作小报提供图片资料；通过咨询长辈、翻阅书籍或网络查询的方式搜集有关家乡的桥的更多相关资料，为制作小报提供文字材料；通过制作电子小报，实现图文结合，确保小报内容更丰富、更准确，学生更直观、更全面地了解家乡的桥。

2.课时安排：6课时

3.活动过程

情境描述：桥是海岛岛际之间，以及海岛与大陆之间的重要交通枢纽，我们家乡——嵊泗目前有哪几座桥？分别在哪里？有什么建造意义？你最熟悉或最喜欢家乡的哪座桥？让我们选择合适的时间，去实地考察一番吧！你想通过哪些形式来表现你最喜欢的桥？你能用电子小报的形式来详细介绍你调查了解到的大桥的相关信息吗？

(1)实地考察

①选择自己最熟悉、最方便或最喜欢的家乡的桥进行实地考察。

②选择合适角度进行实景拍摄、现场写生。

(2)制作小报

①掌握使用Word或PPT制作电子小报的方法。

②使用书籍或网络搜集有关家乡的桥的更多相关文字资料。

③小组合作制作关于家乡的桥的电子小报。

技能要求：摄影、写生、电子小报制作。

主要关联学科：美术、信息技术、综合实践。

子项目成果形式：摄影作品、写生作品、电子小报。

驱动子问题：我们的家乡有哪几座大桥？你了解家乡的桥吗？

(3)展示交流

汇集摄影、写生、电子小报作品，在校园内进行主题为“家乡的桥”的交流展示会，让其他同学也能通过这次交流展示会了解家乡的桥。

(4)子项目评价

根据评估要点完成自评、互评、师评(表2)。

表2　“寻桥”环节综合性评价表

评估点	★★★	★★	★	自评	互评	师评
参与态度	积极主动参与活动,高质高效完成各项活动任务	能按时完成各项活动任务,但质量一般	不能按时完成各项活动任务,需要催促才能完成任务			
合作意识	善于沟通交流,能够积极主动承担合作任务,小组合作密切	能够参与小组合作,但不够积极主动,工作成效一般	不善于沟通交流,不能有效参与小组合作			
摄影作品	构图有层次,主体突出,角度独特,色调唯美	构图合理,主体突出,色彩协调	构图不合理,没有层次感			
写生作品	构图合理,主体突出,主次分明,有所取舍	构图合理,主体突出,造型不够准确	构图不合理,主体不够突出			
电子小报	报头醒目,排版饱满,图文结合,内容丰富,整体美观	排版合理,图文结合,但内容不够丰富	排版较简单,内容比较单调			

第二环节　探桥

1.设计意图

通过引导学生自主探究学习,使学生了解桥的发展史、中国桥梁世界之最等桥的相关知识,提高学生自主学习能力;通过该项活动使学生感受我国浓厚的桥文化,体会祖国建桥技术的精湛和飞速发展,激发学生强烈的民族自豪感和爱国情怀。通过引导学生绘制图文结合的思维导图,提高学生的信息搜集、整理、概括能力,系统学习能力和逻辑思维能力;通过设置调查访问,引导学生走出校门,走进社会,提高社会交往能力;通过带领学生了解桥的建造过程和建造方法,让学生感受建桥工程的伟大和复杂。

2.课时安排:4课时

3.活动过程

情境描述:中国是桥的故乡,自古就有“桥的国度”之称,中国古代桥梁建筑中有不少是世界桥梁史上的创举,充分显示了中国古代劳动人民的非凡智慧。中国还被称为世界第一桥梁大国,为世界桥梁创造了众多的“世界第一”。你知道中国的四大名桥吗?你知道中国桥梁有哪些世界之最吗?你了解中国桥梁的发展史吗?你知道中国的“桥梁之父”吗?你还想了解哪些有关桥的知识呢?

(1)自主探究

选择你最想了解或最感兴趣的内容,如桥的发展史、桥文化、桥的种类、桥的造型特点、中国古代名桥、中国桥梁的世界之最等,用各种方法或途径查找相关信息资料,自主进行探究学习,并对搜集的信息进行筛选、概括、总结、提炼。

(2)绘制思维导图

①教师介绍常用的几种思维导图类型,如辐射状导图、右侧导图、组织结构导图、时间线导图、流程图等,以及它们各自的适用范围。

②教师指导:要求绘制图文结合的思维导图,可以选择桥相关的多个知识内容,也可以只选择桥相关的一个知识点来设计绘制思维导图。

(3)调查访问

①组内讨论设计调查问题,准备访谈表。

②学习采访礼仪要素,组内进行采访演练,及时发现问题。

③了解桥的建造过程和建造方法,完成调查问卷表。

技能要求:自主学习能力,概括能力,逻辑思维能力,调查访问能力。

主要关联学科:美术、综合实践。

子项目成果形式:思维导图、调查问卷表。

驱动子问题:桥的种类有哪些?它是如何发展的?经历了哪些阶段?你还想了解哪些有关桥的知识呢?

(4)展示交流

将思维导图作品在校园内进行交流展示,让其他同学也能通过这次交流展示活动学习到中国桥梁的丰富知识,从而激发学生对桥的好奇心和求知欲,激发学生的民族自豪感和爱国情怀。

（5）子项目评价

根据评估要点完成自评、互评、师评（表3）。

表3　“探桥”环节综合性评价表

评估点	★★★	★★	★	自评	互评	师评
参与态度	积极主动参与活动，高质高效完成各项活动任务	能按时完成各项活动任务，但质量一般	不能按时完成各项活动任务，需要催促才能完成任务			
合作意识	善于沟通交流，能够积极主动承担合作任务，小组合作密切	能够参与小组合作，但不够积极主动，工作成效一般	不善于沟通交流，不能有效参与小组合作			
思维导图	主题明确，结构层次清晰，文字简洁，颜色对比和谐，视觉效果好	主题明确，结构合理，文字简洁，色彩协调	主题明确，但结构层次不清晰			

第三环节　塑桥

1. 设计意图

教师通过带领学生了解嵊泗本岛和各个小岛的地理位置，确定桥的长度，思考桥的结构类型，设计桥的造型特点，引导学生从实际出发，为家乡设计、建造有海岛特色的桥，让学生从平面的草图设计，再到立体的泥塑创作，以小组合作的形式创作泥塑桥，培养学生的合作能力和团队精神，提高学生解决问题的能力和综合实践能力。教师通过引导学生考虑建桥地点，画设计草图，研究设计方案，培养学生科学严谨的学习态度，帮助学生领悟桥梁工程是一项非常伟大和复杂的工程，体会桥梁工程师们兢兢业业、认真负责的工作态度。

2. 课时安排：2课时

3. 活动过程

情境描述：你想在哪里为家乡造桥？说说理由。你想设计、建造一座怎么样的桥？如何设计一座有海岛特色的桥？桥的造型如何与海岛特色的事物相结合？

(1)地理位置

通过地图软件了解嵊泗本岛和各个小岛的地理位置，确定桥的长度，选择适合海岛实际情况的桥梁类型。可以参考、借鉴家乡现有的桥梁。

(2)草图设计

如何设计一座有海岛特色的桥？桥的造型如何与海岛特色的事物相结合？

①设计草图，并进行设计说明。

②为自己设计的桥命名。

(3)泥塑创作

如何以美术的形式把平面的设计草图制作成立体的桥？（泥塑、纸塑……）

①掌握泥塑的基本成型方法。

教师指导学生泥塑的四种基本成型方法：捏塑成型法、泥条成型法、泥片成型法、泥球成型法。

②小组讨论，完成探究学习单（表4）。

根据设计草图，如何运用合适的泥塑成型方法更好地表现桥的各部分结构的特征？

③小组合作，合理分工，对设计草图进行立体的泥塑制作。

技能要求：设计绘图、泥塑制作。

主要关联学科：美术、综合实践。

子项目成果形式：设计图、泥塑作品。

驱动子问题：你想在哪里为家乡设计、建造一座独一无二的桥？

表4 探究学习单

桥名		桥型	
项目	桥面	桥墩	桥栏
成型方法			
海岛特色			
其他			

（4）子项目评价

根据评估要点完成自评、互评、师评（表5）。

表5　“塑桥”环节综合性评价表

评估点	★★★	★★	★	自评	互评	师评
参与态度	积极主动参与活动，高质高效完成各项活动任务	能按时完成各项活动任务，但质量一般	不能按时完成各项活动任务，需要催促才能完成任务			
合作意识	善于沟通交流，能够积极主动承担合作任务，小组合作密切	能够参与小组合作，但不够积极主动，工作成效一般	不善于沟通交流，不能有效参与小组合作			
泥塑作品	结构完整、稳固，有海岛特色的创意设计，制作精致	结构稳固，但没有特色的创意设计	结构不稳固，制作较粗糙			

第四环节　悟桥

1.设计意图

学生感悟桥的象征意义，以卡片寄语的形式抒发自己的感悟，表达情感；体会交流沟通对人与人之间相处、国家与国家之间的和平发展的重要性。

2.课时安排：2课时

3.活动过程

情境描述：桥，象征沟通与联系，包括人与人之间的联系、军与民之间的联系、地方与政府的联系、国家与国家的联系、现在与未来的联系……

让我们用卡片寄语的形式，表达你心中最想塑造的桥（心灵之桥、和平之桥、友谊之桥、生命之桥……）吧！

（1）桥的意义

感悟桥的象征意义，用简短的文字表达你对桥的理解与感悟。

(2)卡片寄语

学生自主设计制作图文结合的小卡片,并写上自己心中最想塑造的“××之桥”,以卡片寄语的形式,抒发自己的感悟,表达情感。

(3)分享交流

将自己制作的卡片寄语在组内或班级同学间分享交流,从而收获更多的理解和感悟。

技能要求:写作能力、卡片制作。

主要关联学科:美术、语文。

子项目成果形式:卡片寄语。

驱动子问题:桥的实用功能显而易见,但桥又隐含着什么样的象征意义呢?

(4)子项目评价

根据评估要点完成自评、互评、师评(表6)。

表6 “悟桥”环节综合性评价表

评估点	★★★	★★	★	自评	互评	师评
参与态度	积极主动参与活动,高质高效完成各项活动任务	能按时完成各项活动任务,但质量一般	不能按时完成各项活动任务,需要催促才能完成任务			
合作意识	善于沟通交流,能够积极主动承担合作任务,小组合作密切	能够参与小组合作,但不够积极主动,工作成效一般	不善于沟通交流,不能有效参与小组合作			
卡片寄语	卡片设计精美,图文结合,文字内容丰富、生动	卡片设计较美观,文字内容较丰富	卡片设计不够美观,文字内容不够丰富			

五、项目成效

本项目式学习活动充分挖掘了海岛本土交通资源,学生通过实地考察了解家乡的桥,用摄影、写生、制作电子小报等多种作品形式展示、表现、介绍家乡的桥，更直观、准确、全面地了解家乡的桥，习得丰富的本土知识和本土文化，激发自身热爱家乡、热爱海洋文化的情感。

通过寻桥、探桥、塑桥、悟桥等一系列项目式学习实践活动，学生经历了观察、思考、判断、联系、创造等个体独立的深入学习，还经历了与同伴之间的交流、倾听、讨论、批判、合作等社会性学习。学生通过实践活动还培养了自身面对真实问题情境的问题解决能力和思维能力，全面提升自己的综合素养，从而成为心智自由的学习者。

第四节　“渔风艺蕴”项目式学习设计案例

器识为先，必崇德而明理，五育创新并举；文艺其从，更启智润心，一生向美而行。嵊泗因渔而生、因渔而兴、因渔而忧、因渔而美，基于渔文化开展的美育教育应以提高学生审美和人文素养为目标，深耕课堂内外，不断深化课程建设。以本土渔文化之美、和谐之美塑造心灵，奠定弘扬新时代渔文化精神的深厚土壤。

一、项目背景

（一）项目缘起

离岛、微城、慢生活——海岛嵊泗洋溢着浓厚的海洋气息，有着浓郁的渔乡文化底蕴。渔民画是嵊泗县非物质文化遗产之一，渔民画以其制作上的精巧以及造型上的夸张和随性赢得了国内外专家和大众的认可，是嵊泗的一张“金名片”。一幅幅渔民画中藏着怎样的密码？如何传承和发扬渔民画？

嵊泗的学校以“做更出彩的自己”为办学理念，着力打造学校“五色帆”文化，重点开设“五色帆”系列课程，渔民画是学校“紫帆尚美”课程的重要组成部分。为了让渔民画海洋美术教育从美术走向美育，教师进行海洋美术综合实践校本探索，依据朱敬东教授的链式美术理论，从学生问题出发，创设真实情境下的综合探究主题活动，以审美、文化、生命链目标为导向，细化目标体系，联动学科整合，实现多维能力的提升。

（二）课程价值

“渔风艺蕴”课程在海洋教育环境中，依托本土原生资源，以项目活动为主线，以教师为引导，以学生为主体，建立海洋美术学习新模式。该课程以渔民画创作等美术活动，激发学生创作渔民画的兴趣，使学生得以通过不同学习方式多维度、多角度地加深对渔民画的认知。学生在提高认知的基础上创作，通过自我探究、体验感受、创作练习等，加深对渔民画的审美感受及对作品背后的文化理解。教师通过丰富多元的课程，将本土的渔文化知识传递给学生，增加学生对于家乡渔文化的了解，让学生感受到渔文化的魅力，增加学生对家乡的热爱，将家乡特色全方位融入思想道德教育，达到以美育人的目标。

二、项目框架

“渔风艺蕴”课程框架围绕嵊泗“因渔而生、因渔而兴、因渔而忧、因渔而美”这四点生成三个阶段、五个环节（图 1）。在“渔风艺蕴”课程实施的过程中主要关注三对关系：渔民画与渔民的关系、渔民画与渔业的关系、渔民画与海洋的关系。

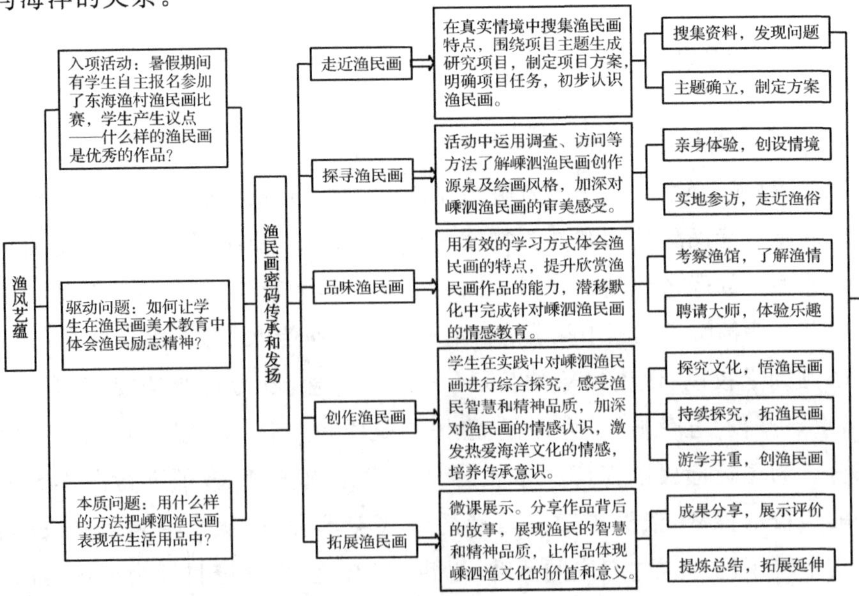

图 1　项目化课程框架

三、项目素养及能力

“渔风艺蕴”渔民画海洋美术课程不仅能为学生提供丰富的艺术体验，更重要的是它有利于培养学生对海洋文化和家园的热爱与认同，弘扬渔民们的勇敢和拼搏精神(表1)，为学生树立积极向上的榜样，培养他们的远大志向和家园情怀。通过渔民画的场域文化学生产生对海洋的热爱，以及学习大海博大、宽广、深邃的情怀。

表1　核心技能及其具体指向

核心技能	具体指向
形象思维	了解渔民画的特点、创作源泉和方法，在情感体验的基础上完成创作表达。将渔民画融入生活用品，掌握渔民画的创作技法
创造能力与问题解决能力	运用项目式学习的方法解决“什么样的渔民画是优秀的作品”等系列问题
跨文化理解	在学习与创作过程中，理解渔民画的文化，感受渔民的智慧和精神品质
沟通能力	在探究和创作中，加深对渔民画的情感认识，分享渔文化，传承渔文化
信息技术的掌握	查阅网络资料、完成学习任务单
自主规划和自主学习	小组自主学习、制定方案、探究安排的合理性

四、项目实施

“渔风艺蕴”是“渔村之旅、渔俗之行”两个主题的融合。渔民画是嵊泗县非物质文化遗产之一，本项目中学生通过不同的学习方式综合探究渔民画，采用多维度、多角度的手段加深对家乡渔民画的认知。在提高认知的基础上结合创作，加深对渔民画的审美感受及对作品背后的文化理解。

(一)第一阶段:项目启动(走近渔民画)

1. 设计意图

围绕真实情境，更深入地了解嵊泗渔民画，体会渔民画的魅力，为创作出一幅幅、一件件渔民画作品打好基础。学生以小组为单位，通过前期综合实践的形式对嵊泗渔民画进行调研，在建立认知与激发情感的基础上，确定创作内容和表现技法，创作出具有海岛特色的渔民画，展现劳动人民的智慧和精神品质，让作品体现嵊泗渔民画的价值和意义。

2. 课时安排：8 课时

3. 活动过程

入项活动为学生自主报名参加东海渔村渔民画比赛，根据比赛结果，学生进行总结、反思。由此学生的"议点"产生了，基于学生的思考创设真实情境，生成提出驱动问题、明确内容及制定方案三个流程。从情境创设到问题明确，是实现问题梳理、归纳的过程，这样的过程能满足学生探究的需求，驱动学生运用高阶思维去思考和解决问题。

(1)导入：搜集资料，发现问题

基于当地地域文化特色，请学生说说参加过哪些渔民画主题活动、想参加哪些渔民画主题活动。教师出示学校海洋美术节渔民画作品展照片，向学生介绍渔民画作品已成为学校渔民画特色宣传的有效手段。并引出驱动问题："作为嵊泗的海娃，如何传承和发扬家乡渔民画？"

情境导入：暑假期间有学生自主报名参加了东海渔村渔民画比赛，本次活动中学生对渔民画产生了浓厚的兴趣，学生提出议点——如何走近并宣传"优秀渔民画作品"？

①我的困惑：____

____

____。

②作为嵊泗的海娃，更应去传承和发扬渔民画。因此，如何用所学知识去了解、宣传家乡的渔民画？

(2)组建项目小组、制定完善方案

①学生根据自身兴趣与特长组建项目小组，选出组长，取好组名，初步讨论人员的分工、项目活动的形式。在项目活动中，每个成员应有各自的任务与职责(表 2)。但这种分工不是长期固定的，在实际操作中，可进行调整和互相帮助，以合作提升效率。

表 2　小组合作任务表

小组名称	姓名	职责	具体任务

②小组绘制思维导图,进行项目方案论证,其他小组成员给出建议形成评价表(表 3)。

表 3　项目方案设计评价表

主题名称:				
团队名称:		组长:		
主要任务	负责人	时间	地点	所需工具
预期成果				

③学生进一步完善项目方案，明确活动进程、时间节点、提交材料的要求，最终确立项目方案。在制定方案时始终围绕驱动问题进行设计。

4. 项目评价：小组组内自评和互评，对组员参与过程中的行为态度进行评价，教师对小组合作的效率进行评价（表4）。

表4 “走近渔民画”活动过程评价

姓名：		
评价内容	自评	互评
独立思考设计方案，确定主题	☆☆☆	☆☆☆
能大方、流利地介绍自己的方案	☆☆☆	☆☆☆
积极参与小组讨论，能表达自己的意见	☆☆☆	☆☆☆
能较为清晰地完成任务单的填写	☆☆☆	☆☆☆

教师需要指导学生理清思绪，确定活动路径，制订活动计划，有序地开展项目活动。帮助学生明确创作任务，启发学生提出问题并探究解决问题的办法，形成一个清晰的思维导图和任务框架，明确任务，有条理地进行探究活动。

（二）第二阶段：项目过程（探寻渔民画、品味渔民画、创作渔民画）

1. 设计意图

项目式学习的进行离不开知识的建构与转化，通过不同形式的探究能使学生加深对家乡渔民画知识的了解，激发学生探究欲望，不同形式的探究是为最终解决驱动问题提供思路与参考的过程。这一过程是学生不断探究问题、解决问题、生发问题的过程，学生通过多维度、多角度的探究加深对家乡渔民画的认识，在达成认知的基础上创作，学生加深对渔民画的审美感受与对作品背后的文化理解，从而更好地去传承和发扬渔民画。

2. 课时安排：40 课时

3. 活动过程

活动过程中学生通过探寻渔民画、品味渔民画、创作渔民画这三部分得到知识与技能的进阶。创作渔民画实践环节游学并重，融入学校励志教育的探索过程，让学生在游学活动中体会渔民画的文化底蕴和浓厚的地域文化氛围。该项目活动将渔民画与德育活动、德育课程整合,形成学校渔民画的场域文化,让学生感受、传承渔民搏击风浪的精神。

第一环节:探寻渔民画

(1)亲身体验,创设情境

①基于真实情境,以小组内部讨论形式,提炼出探究问题:怎样的渔民画作品给人以独特的视觉美感?要创作富有表达意境、独特美感的渔民画作品,应先怎么做?

②学生通过小组讨论,引出探究的多种方式。如实地考察、上网搜索、人物访谈等,明确不同探究方式的要求。

(2)实地参访,走近渔俗

第一站中学生分组调查东海五渔村渔民画并填写学习任务单(表5)。在东海五渔村,街道上、楼道上、房屋上等处,映入眼帘的都是一幅幅渔民画。众多渔民画让人一饱眼福,感叹画家的精湛技艺。这些画汇集了渔民画家的智慧。学生由此初步了解嵊泗渔民画的特点和创作的方法等,增强了对嵊泗渔民画的热爱,唤起了对渔民画创作的期待和热情。

表5 调查东海五渔村学习任务单

组别		具体人员名单	
探究地点			
作品的内容及形式			
视觉感受	色彩密码: 构图密码:		

第二站中学生实地参观望海广场、码头。学生了解了渔民出没于狂风巨浪之间,甚至与之生死搏斗的生活经历,感受到了普通渔民的生活状态,也从不同角度认识了神秘而独特的大海。

小组汇报交流探究的成果:渔民画蕴含着多少奥秘?学生在确立创作

渔民画的任务后，往往会急于创作，从而出现内容表现单一、情感表达浮于表面的情况。教师可以通过提问让学生逆向思考，引发学生思考创作内容的来源，引导学生多方位了解嵊泗的渔民画。

第三站中学生现场采访，制作微课。

①确定采访计划和采访问题。明确小组分工，有礼貌地开展采访，做好相应记录（表 6）。

采访渔民画画家马老师前，师生讨论出了有价值的问题。

表 6　现场采访记录表

组别		具体名单	
形成风格（地域）			
创作来源（题材）			
艺术表现（人物、静物等）			

②学生交流汇报：用微课的形式汇总分析采访信息。

③学生展示：每个小组展示并介绍自己制作的微课，并通过学生投票的方式评选出“最佳作品”（小组）。

（3）项目评价

①评出最佳策划奖（学生自评、学生互评、教师评价）（表 7、表 8）。

②评出最佳金话筒（依据表 8 中第二条）。

表 7　最佳策划奖自评表

最佳策划奖（自评表）	
评价内容	星级
小组合作融洽、有序，每位成员都各司其职，积极主动参与活动	☆☆☆
每位成员都能认真完成自己的任务，获得需要的信息	☆☆☆
待人恭敬有礼，能谦恭地听取他人意见	☆☆☆
每位成员都能呈现出自己的探学收获和成果，并且质量较高	☆☆☆

表 8　最佳策划奖互评表

最佳策划奖(互评表)	
评价内容	星级
每位成员都能呈现出自己的探学收获和成果,并且质量较高	☆☆☆
讲解员能自信、大方、清楚、完整地介绍自己小组的探学成果	☆☆☆
呈现的微课和讲解内容能清晰有条理地说明探学成果	☆☆☆

学生对渔民画的探究、对活动的汇报反馈、对探究方案的设计都是以小组合作的形式展开的,因此在人人参与、有序开展活动这两点上需要教师关注和引导。每位同学都应参与其中,如可以负责采访、拍照、录像、做笔记等任务。每个探究任务都有相应的负责人,协助其他同学完成各项任务。在汇报成果环节也要人人参与,每人完成自己负责的文字与图片处理、视频整理的工作。小组成员要发挥个人所长,群策群力。

第二环节:品味渔民画

调查走访结束后,各小组讨论和整理本次实践活动得到的成果。小组在课堂上进行汇报交流,学生各抒己见。学生已初步了解舟山渔民画的基本知识,了解嵊泗渔民画创作源泉及绘画风格,加深对嵊泗渔民画的审美感受。为了更进一步了解渔民画创作,接下来进行实践操作。

(1)考察渔馆,了解渔情

①嵊泗渔民画有着浓郁的海岛风情,诉说着美丽神秘的海洋故事,能使我们从中领略到海洋文化的无穷魅力。学生课前收集关于嵊泗渔民画家的资料,走近我们身边的渔民画大师、渔俗馆,每小组选派代表介绍渔民画大师。

②学后反思

有效的学习方式,帮助我们掌握渔民画________________特征。

有效的学习方式,如何帮助我们收集创作渔民画作品的源泉?

有效的学习方式,如何帮助我们欣赏渔民画作品?

(2)聘请大师,体验乐趣

探究一:从校外聘请善渔民画的胡老师带来别有一番风味的渔民画欣赏课。利用身边随处可见的事物熟悉渔民画大师作品的内容。本探究通过有效的学习方式,帮助学生逐步体会渔民画的特点,培养学生欣赏渔民画作品的能力,使学生形成基本的美术素养,潜移默化地向学生渗透关于嵊泗渔民画的情感教育。

探究二:学生从动眼转变为动手,教师以渔民画中的“鱼”“船”为起点教学,学生在掌握渔民画技法的同时,开始进行绘画练习,为主题创作打下基础。

(3)项目评价

每组完成评价表(表9),评选学员标兵。

表9 渔民画欣赏课评价表(教师评价)

组员	课前资料收集	上课积极认真	主动参与	作品完成度
	☆☆☆	☆☆☆	☆☆☆	☆☆☆
	☆☆☆	☆☆☆	☆☆☆	☆☆☆
	☆☆☆	☆☆☆	☆☆☆	☆☆☆
	☆☆☆	☆☆☆	☆☆☆	☆☆☆
	☆☆☆	☆☆☆	☆☆☆	☆☆☆
	☆☆☆	☆☆☆	☆☆☆	☆☆☆

第三环节:创作渔民画

学生在掌握技法和知识拓展基础上结合嵊泗渔民画的场域文化,进行三次创作。本环节活动环环紧扣,层层递进,相信学生可以创作出具有当地特色的渔民画作品。

(1)探究文化,悟渔民画

①情境导入:生活中的不文明现象与嵊泗美丽风光形成对比。(播放生活垃圾录像)生活垃圾不但影响环境,还有损我们的健康,但有的废旧物品是可以再利用的。学生讨论:应该怎样处理这些生活垃圾?

②教师利用实物展示台出示彩塑(渔民画)圆盘,并将圆盘分发给每组

同学欣赏，让学生初步认知圆盘的美，掌握圆形构图和渔民画的表现方法，引导学生在设计圆盘时融入海洋元素。

任务一：学生收集废旧圆盘，设计一组适合圆盘的鱼造型纹样，掌握圆形构图。

任务二：学生参观嵊泗非物质文化体验馆，在圆盘上设计创作渔民画，并将任务过程制作成微课。

最初的课程设计是将教学与环保相结合，在教学中融入嵊泗渔俗、渔情。实际操作中，学生收集的废旧圆盘以塑料材料的为主，作品呈现效果不尽如人意。笔者在网上购买了几种圆盘，最终选用木质素胚圆盘制作微课，让学生直观了解圆盘作品设计步骤。

③学生创作：鼓励同组学生齐动手、齐想象，相互协作共同完成作品。同时教师对色彩的搭配进行辅导。

④让全体学生分享独特构思和方法，教师参与学生的创作活动。

(2)持续探究，拓渔民画

进一步拓展学生对渔民画的认知，激活学生想象力，在这一阶段让学生自主探究如何将渔民画和海洋文化融合，设计出具有家乡特色的汗衫。

任务一：编写教材，制作范作、组织学生 T 台走秀。

任务二：收集不同民族服饰，小组分组讨论各民族服饰特点。每小组创作一幅渔民画，设计汗衫并在设计过程中以表格记录(表 10)。

表 10　服饰图案设计评价表

设计内容	
设计意图	
设计作品	

任务三：小组间相互评价，帮助每个小组完善创意设计，最终确定了切实可行的设计图和设计主题。

①学生分享：请每一组选出代表将创作的汗衫进行展示，并说出创作的构思和内容。

②学生活动：要求将渔民画和海洋文化融入作品，设计出具有家乡特色的汗衫。

(3)项目评价

对学习成果进行评价(表11),选出最佳作品(表12)。

表11 学习成果评价表

评价	自评	互评	教师评价
主题鲜明	☆☆☆	☆☆☆	☆☆☆
内容体现当地特色,构图完整	☆☆☆	☆☆☆	☆☆☆
画面情感表达深刻,有自身理解,可以起到宣传作用	☆☆☆	☆☆☆	☆☆☆

表12 最佳作品评选表

最佳作品(学生互评)	
评价内容	作品造型夸张,构图完整、合理,能展现嵊泗的渔文化
最佳小组	

渔民画创作是团队合作项目,因此在制作之前,教师要引导学生先进行任务的分工,确保人人参与。初次尝试时学生会遇到很多问题,教师要及时引导学生发现问题,并鼓励学生动脑筋、想办法解决问题,如果小组组内无法解决,可以求助别的小组帮忙解决问题。

(4)游学并重,创渔民画

学生在游学活动中体会渔民画的文化底蕴和浓厚地域文化,体验到世世代代渔民与大海共融、共存的真情实感,感受和传承渔民搏击风浪的精神。将渔民画与德育活动、德育课程整合,形成学校渔民画的场域文化,有利于培育学生的家园情怀,培养学生爱海、护海、亲海、善海的意识,以及像大海般博大、宽广、深邃的情怀。

①在学生掌握技法和知识拓展的基础上,将渔民画美术教育融入学校励志教育,制定游学方案。

a. 快乐起程,沿途观光大自然美景,同学间彼此照应,增进情感。

b. 游览渔民画基地和红色教育基地,了解渔俗文化,观看渔民画创作。

c.环游东海渔村特色渔民画壁画墙,欣赏精品渔民画。

d.游学体验——学生进行渔民画现场创作。

e.安全返程,各班级收集本次游学活动的绘画作品、摄影作品和游览后的心得体会。

f.收获成绩——渔民画展评,每班选出10幅作品进行年级展评,评出30幅优秀作品。

②学生谈感受。

③项目评价:评选绘画之星(表13)。

表13 评选绘画之星

评价内容	作品内容丰富,画面完整且富有创造力,构图合理、美观,融入海洋元素,体现了个性审美观,能体现嵊泗的渔文化及渔民精神
最佳小组 (可选两组)	

在体验中获得经验,才能创作出优秀的作品。学生在初次创作的作品中发现问题,总结出创作的经验,能发现生活中的美并能够通过自己的学习去创造新的美,这便是美育的作用,也是本次项目的中心目标。

(三)第三阶段:项目总结(拓展渔民画)

展览可以在全校进行,邀请老师、家长和各班学生参观,让更多的人欣赏到这些渔民画作品,倾听学生作品背后的意义。虽然很多学生没有参与到这个项目中,但是通过展示环节他们也能够感受渔民画的魅力。本项目成果展以场景布置作品的形式进行展览,学生对嵊泗渔民画进行探究,激发灵感并产生共鸣。

1.设计意图

展览展示的不仅是作品还有团队设计的理念,使这些理念在展示活动中被每个学生看到,没有参与项目的学生也能够生成一定的设计思维意识,感受作品的精神,为嵊泗渔民画宣传和传承出一份力,感受责任与担当。

2.课时安排:4课时

3. 活动过程

(1)成果分享,展示评价

①学生讨论并得出结果(表14):怎么样的首展礼能够吸引观众?

②学生以小组为单位进行分工合作。

a. 绘制平面布局图。

b. 布置展示好项目活动的过程性材料。

c. 撰写引导词或讲解稿,进行现场互动介绍。

③渔民画作品还可运用怎样的形式最大化地实现宣传作用。

表14　宣传展示表

作品名称		展示地点		宣传形式	

(2)提炼总结,拓展延伸

①结合学校举办的"五色帆"拓展性课程展示,进行渔民画首展,项目小组对成果以及活动过程进行汇报分享。

②完成项目评价,评价按问题解决、创意实现、责任担当、价值观认知度四个维度的具体指标进行。

③完成"渔风艺蕴"的项目式学习后,你学到了什么(表15)?

表15　学生收获表

硕果累累(学生三者选二)	
知识收获	
技能收获	
情感收获	

成果通过展览的形式进行宣传,可以通过微信等网络平台让更多的人了解嵊泗渔民画,也可以通过参加省市级比赛进行宣传。还可以把作品长期展示在校园里,让来参观学校的领导、师生、家长更多地了解嵊泗渔民画。

4. 项目评价

本项目评价由两部分组成。其中过程性评价指小组成员的参与度、小组成员的协作与沟通评价。结果性评价指向驱动型任务要求,如小组活动方案、调查小报告、设计稿和最终作品四个方面,其中最终作品效果评价包括自评、互评、教师评价(表 16)。

表 16　拓展渔民画学习成果展示评价表

评估点	☆☆☆	☆☆	☆	互评	教师评价
主题	主题鲜明	主题基本明确	主题不鲜明		
内容	内容体现当地特色,构图完整	内容基本有特色,构图基本完整	内容无当地特色,构图不完整		
情感	画面情感表达深刻,有吸引力	画面有一定的情感表达,能起到宣传作用	画面未表达出情感,未起到宣传作用		

五、项目成效

“渔风艺蕴”项目活动是基于“渔民画怎样传承和发扬”这一跨学科主题并融合海洋美育教育而开展的研学活动。从学生最终的学习成果来看,活动成效明显。学生通过参观考察、设计制作、分析探究、展示交流等环节,结合项目式学习任务单,真正成为项目式学习的主体。学生通过感受渔民画文化,挖掘渔民精神,进一步认识并爱上渔民画。学生回顾学习历程,从中提炼渔民画所蕴含的情感、智慧、审美、精神品质、生命意义等要素,表达对渔民画文化的认知及感受。

项目式学习中参与渔村文化活动、项目准备、调查走访、作品创作、成果展示的流程设计,均是基于以学生为出发点的思路展开的,根据学生的知识获得方式设计教学流程,循序渐进地丰盈学生,最终顺理成章地完成驱动任务,使学生得到各方面能力的提高。因此,以学生兴趣点为主导的发散性学习是项目实施的行动准则,这样可以为后续的美术表现和创意实施做好储备,也是美术表现后转化成果和情感提升的迎合点,形成以美术表现为载体中心的两端散发形式。

学校课程以嵊泗因渔而生、而兴、而忧、而美的内涵进行整体构建,形成“渔风艺蕴”项目化课程体系,与之相对应的海蕴、人韵、情韵三大板块的主题项目化内容是课程内涵和学科文化的落脚点，体现在具体实施中就是要充分挖掘物境、语境、情境，本次项目式学习充分考虑渔民画背后的现实条件，从物境和语境中不断呈现艺术文化带给学生的情感体验，最终使学生形成对嵊泗海洋文化更深层次的认同，为最终培养一批“技艺擅长、励志励学、富有家园情怀”的学子服务。

参考文献

1. 钱初熹. 基于项目学习的美术教育[M]. 上海：上海教育出版社，2020.

2. 张悦颖，夏雪梅. 跨学科的项目化学习："4＋1"课程实践手册(第2版)[M]. 北京：教育科学出版社，2021.

3. 尹少淳. 美术核心素养大家谈[M]. 长沙：湖南美术出版社，2017.

4. 夏雪梅. 项目化学习设计：学习素养视角下的国际与本土实践[M]. 北京：教育科学出版社，2018.

5. 陈晓萍，候小英. 走向可持续的未来：中小学可持续发展教育理论与案例设计[M]. 北京：中国大百科全书出版社，2022.

6. 邓青. 研学活动课程设计与实施[M]. 北京：高等教育出版社，2022.

7. 杨培禾. 综合实践活动课程论[M]. 北京：首都师范大学出版社，2019.

8. 钱旭升. 全球视野中的综合类活动课程述评[J]. 浙江师范大学学报(社会科学版)，2002(4)：82－84.

9. 黄萍. 德国小学教育考察记[J]. 广西教育，2013(24)：47－48.

10. 汪霞，李萍. 德国小学课程及其特点[J]. 教育学报，1999(5)：42－44.

11. 朱慕菊. 走进新课程：与课程实施者对话[M]. 北京：北京师范大学出版社，2002.

12. 中华人民共和国教育部. 中小学综合实践活动课程指导纲要[M]. 北京：北京师范大学出版社，2017.

13. 顾建军. 小学综合实践活动设计[M]. 北京：高等教育出版社，2005.

14. 裴娣娜.为了每一个学生:中国课堂教学改革40年来的实践探索[J].中小学管理,2018(11):17—20.

15. 王烨晖,辛涛.国际学生核心素养构建模式的启示[J].中小学管理,2015(9):23—24.

16. 联合国教科文组织.反思教育:向"全球共同利益"的理念转变?[M].联合国教科文组织总部中文科,译.北京:教育科学出版社,2017.

17. 朱则光.以学习为中心的教学设计[M].北京:中国人民大学出版社,2020.

18. 钱易,唐孝炎.环境保护与可持续发展[M].北京:高等教育出版社,2000.

19. 陈晓萍,潘瑶珍.小学可持续发展教育:基于中德合作研究的课程设计与教学[M].杭州:西泠印社出版社,2019.

20. 钱丽霞.可持续发展教育的历史演进与价值分析[J].上海教育科研,2006(2):27—29.

21. 张丰. 重新定义学习:项目化学习15例[M].北京:教育科学出版社, 2020.

22. 郭元祥.综合实践活动课程与教学论[M].北京:人民教育出版社,2013.

23. 林崇德.21世纪学生发展核心素养研究[M].北京:北京师范大学出版社,2016.

24. 种竞梅.小学综合实践活动[M].北京:北京师范大学出版社,2016.

25. 王大根,李爱华.核心素养导向的美术大单元教学设计案例集[M].江苏:南京师范大学出版社,2023.

后　记

在完成《中小学跨学科主题课程项目式学习设计与实施》一书之际，我们深感荣幸能够参与到这样一项具有深远意义的教育改革探索之中。本书旨在为教师们提供一套行之有效的指导方案，以促进中小学生通过跨学科学习和项目式学习，更好地理解并解决现实世界中的复杂问题。

本书的编写，源于嵊泗县中小学对海洋美育这一区域综合实践活动的积极探索。在实施海洋美育的过程中，我们将可持续发展作为核心主题。这不仅是对联合国可持续发展目标（SDGs）的积极响应，也是为了培养学生对未来社会的责任感。通过将可持续发展的理念融入区域课程设计和项目实施中，我们希望学生们能够增强环保意识，了解海洋生态系统的重要性，认识到人类活动对海洋环境的影响，学习如何合理利用和管理海洋资源，学会采取行动保护海洋，实现经济、社会和环境的和谐发展。我们希望学生们能够推动社会公平与文化多样性，通过了解不同海洋文化的特点和价值，促进文化的交流与融合，增进对多元文化的理解和尊重。这种基于可持续发展的跨学科主题课程项目式学习，不仅有助于学生全面发展，也为他们未来成为负责任的全球公民奠定了坚实的基础。

在本书的内容中，海洋美育的体现贯穿始终，以美育的综合性、跨学科活动，展示了海洋美育的独特魅力和教育价值。学生通过绘画创作、探究学习、问卷调查、问题解决、成果展示等多种方式，表达对海洋的热爱和对环境保护的关注。通过学习和体验传统海洋文化，如渔民画、渔绳结制作等，学生不仅了解了当地的历史和文化，还学会了如何将其传承下去。通过实地考察和科学研究，学生深入了解海洋生态系统的现状和面临的挑战，从而增强生态环保意识。这些具体的案例和实践活动，不仅丰富了学生的知识体系，还激发了他们的创造力和责任感，真正实现了美育与可持续发展的有机结合。

在编写过程中，我们深刻体会到跨学科主题课程项目式学习对于提升学生综合素质的巨大潜力。这种新型的学教方式打破了传统课堂的局限性，使学生们能够在更加开放自由的环境中发挥创造力，同时也促进了师生之间以及同学之间的交流合作。更重要的是，它帮助孩子们从小树立起全球视野和社会责任感，提升审美情趣，为将来成长为适应未来社会发展需求的人才打下了坚实的基础。

本书由刘建军修改并定稿。各章节的编写人员分别为：第一章、第二章、第三章，刘建军。第四章：第一节，周书宇；第二节，徐闻；第三节，张娜；第四节，高麒英。第五章：第一节，周婉若；第二节，王宇；第三节，虞昱赟。第六章：第一节，张梦婕；第二节，王兰；第三节，王萌芽；第四节，孙琼英。嵊泗县教育科学研究室美术教研员沈日儿对第四章、第五章、第六章内容进行了审阅与指导。嵊泗县教育局教育科长陈淑君提出了许多宝贵意见；嵊泗县教育局党委书记、局长邱存安作了最后的学术指导。

在此，谨一并表示衷心感谢。由于水平有限，本书还有许多不足之处，敬请批评指正。我们希望本书能够成为一个起点而非终点，在今后的日子里继续与各位同仁共同探讨、不断优化和完善这一新兴的学教方式模式。同时我们也期待着更多富有创意和实践价值的好案例涌现出来，让更多的孩子受益于这种先进的教育理念。

刘建军

2024 年 11 月 5 日于浙江嵊泗